JESÚS
AL DESCUBIERTO

JOHN MACARTHUR

JESÚS
AL DESCUBIERTO

UNA VISIÓN NUEVA SOBRE LAS CONFRONTACIONES
AUDACES DE CRISTO Y POR QUÉ IMPORTAN

GRUPO NELSON
Desde 1798

CONTENIDO

PREFACIO

Intente imaginar a un maestro bíblico tan dedicado a la verdad, que nunca se pierde una sola oportunidad para confrontar a los falsos maestros y refutar sus errores. Uno que saca a la luz la hipocresía religiosa y la reprende dondequiera que la ve. Que no participa en lo que respecta a la actual estructura de poder; que no tiene ninguna de las credenciales habituales. No obstante, los grados avanzados y los títulos ostentosos no lo intimidan. En todo caso, es más directo y severo con la élite sacerdotal que con las personas laicas que no tienen instrucción. Y nunca rehúye la controversia.

Alguien así sería menospreciado y rechazado por los evangélicos de esta época, especialmente por los líderes más influyentes del movimiento, que harían todo lo posible por amordazarlo y refrenar su influencia, aunque estuvieran de acuerdo con sus perspectivas. Porque en esta era posmoderna de tolerancia y diversidad, la aceptación se considera una virtud más elevada que la fidelidad en la búsqueda de la verdad bíblica.

Sin embargo, esa persona descrita es Jesús. Él fue deliberadamente instigador. Era apasionado por la verdad y, por lo tanto, se indignaba ferozmente contra la hipocresía religiosa y la doctrina poco bíblica de los falsos maestros, sobre todo los dirigentes fariseos. *Ellos* llevaban puesto un disfraz refinado y erudito, y demandaban que les mostrara respeto. *Él* era impla-cablemente duro con ellos.

Parece que la mayoría de los evangélicos en la generación actual preferiría un Mesías más sumiso y respetuoso. Que sea pasivo, considerado, políticamente correcto y siempre agra-dable. Cualquier sugerencia de que nuestro Señor alguna vez podría enojarse o discutir plantea un grave reto a la imagen que ellos han creado en su imaginación. A toda costa, deben mantener a Jesús sumiso y hacer que sea prudente.

No obstante, la Biblia enfatiza que Jesús hablaba y en-señaba «como quien tiene autoridad» (Mateo 7:29): libre de ataduras, asertivo y algunas veces enojado.

Es cierto que Jesús es misericordioso, generoso y que se compadece de nuestras debilidades (Hebreos 4:15). «Que se [muestra] paciente con los ignorantes y extraviados, puesto que él también está rodeado de debilidad» (5:2). En las imágenes proféticas se le representa como un cordero y también como un buen pastor.

Sin embargo, en la Biblia también se le representa como un león. Él es «el León de la tribu de Judá» (Apocalipsis 5:5). Y no se le debe amordazar ni quitarle las garras. Es pura blasfemia imaginar que moderar su tono lograría, en cierto modo, mejorar su carácter, hacerlo parecer «más agradable» o elevar su gloria.

Mi objetivo en este libro es destacar la valentía y el poder de Jesús al examinar la intensidad de su interacción con los fariseos: escuchándolo cuando él habla, sin intentar suavizar ni censurar nada. «Mira, pues, la bondad *y* la severidad de Dios» (Romanos 11:22).

Como escribió C. S. Lewis sobre Aslan (la figura mesiánica en *Las Crónicas de Narnia*): «Él no es prudente; pero es bueno».

INTRODUCCIÓN

académico, ca. *adj.* 1. abstracto, especulativo,
o conjetural con muy poco significado práctico.
2. perteneciente a eruditos e instituciones de
aprendizaje más elevados en vez de a laicos o niños.
3. de interés como curiosidad intelectual, pero no
particularmente útil en las aplicaciones prácticas.
4. que provoca curiosidad y análisis más que pasión o
devoción. 5. pedante, casuístico; bueno para hacer una
demostración de erudición pero de otro modo trivial.
6. perteneciente a esa esfera de teoría escolástica e
investigación intelectual en la que la certeza es siempre
inapropiada. 7. no merecedor de inquietud.

La verdad espiritual no es «académica» según ninguna de
las definiciones anteriores. Lo que usted cree sobre Dios es la
característica más importante de toda su perspectiva del mundo.
Eso influirá su modo de pensar en cuanto a todo lo demás, especialmente cómo prioriza sus valores, cómo determina lo bueno
y lo malo, y lo que piensa de su propio lugar en el universo. Eso,
a su vez, sin duda alguna determinará cómo actúe.

Los efectos prácticos de la indiferencia o el escepticismo
son tan potentes como los de la devoción sincera, solo que en
la dirección opuesta. La vida privada del ateo inevitablemente

se convertirá en una viva demostración de los males de la incredulidad. A pesar de cualquiera que sea el grado en que algunos ateos busquen mantener una apariencia pública de virtud y respetabilidad, al igual que cuando ellos mismos hacen juicios morales sobre otros, son contradicciones andantes. ¿Qué posible «virtud» podría haber en un universo accidental sin ningún Legislador y ningún Juez?

Las personas que profesan fe en el Todopoderoso pero se niegan a pensar seriamente en Él son también ilustraciones vivientes de ese mismo principio. En efecto, la hipocresía del superficialmente religioso tiene implicaciones potencialmente aún más siniestras que el ateísmo declarado, debido a su carácter engañoso.

Es el colmo de la irracionalidad y la arrogancia llamar Señor a Cristo con los labios mientras se le desafía abiertamente con la vida que uno lleva; sin embargo, es precisamente así como viven las multitudes (Lucas 6:46). Tales personas son ejemplos más absurdos de autocontradicción que el ateo que imagina que puede negar la Fuente de todo lo que es bueno y al mismo tiempo ser de algún modo «bueno» él mismo. Pero el hipócrita no solo es más *irracional*; también es más *despreciable* que el ateo acérrimo, porque realmente está realizando flagrante violencia a la verdad mientras finge creerla. Nada es más completamente diabólico. Satanás es un maestro a la hora de disfrazarse a fin de parecer bueno y no malvado. Él «se disfraza como ángel de luz. Así que, no es extraño si también sus ministros se disfrazan como ministros de justicia; cuyo fin será conforme a sus obras» (2 Corintios 11:14-15).

No es, por tanto, accidental que las palabras más duras de Jesús fueran reservadas para la hipocresía religiosa institucionalizada. Él llevó a cabo una controversia pública muy agresiva contra los principales hipócritas de su época. Ese conflicto comenzó casi tan pronto como entró en el ministerio público y continuó implacablemente hasta el día en que fue crucificado. De hecho, fue la principal razón de que ellos conspirasen para crucificarlo.

La campaña de Jesús contra la hipocresía ocupa un énfasis destacado, si no dominante, en los cuatro evangelios. Jesús nunca soportó a los hipócritas profesionales ni a los falsos maestros alegremente. Él nunca rehuyó el conflicto. Nunca suavizó su mensaje para agradar gustos refinados ni escrúpulos mojigatos. Nunca suprimió ninguna verdad a fin de acoplarse a la superficial idea de la dignidad de nadie. Nunca se inclinó ante la intimidación de los eruditos ni rindió homenaje a sus instituciones.

Y nunca, nunca, nunca, trató la vital distinción entre verdad y error como una cuestión meramente académica.

Yo nunca podría creer en el Jesucristo de algunas personas, porque el Cristo en quien ellos creen está simplemente lleno de afecto y amabilidad, mientras que yo creo que nunca hubo un ejemplo de hombría más espléndido, hasta en su dureza, que el del Salvador; y los mismos labios que declararon que él no rompería una caña quebrada pronunciaron las más terribles abominaciones sobre los fariseos.

—**Charles H. Spurgeon**

Uno

CUANDO ES ERRÓNEO
SER «AMABLE»

---

*Y oyéndole todo el pueblo, dijo a sus discípulos: Guardaos
de los escribas...*
LUCAS 20:45-46

El modo que Jesús tenía de tratar a los pecadores estaba normalmente marcado por una ternura tan extrema que se ganó un burlón apodo por parte de sus críticos: amigo de pecadores (Mateo 11:19). Cuando se encontraba hasta con el más flagrante de los leprosos morales (desde una mujer que vivía en adulterio en Juan 4:7-29 hasta un hombre infestado de una legión completa de demonios en Lucas 8:27-39), Jesús siempre los ministraba con una notable benevolencia, sin darles ningún sermón como reprimenda ni hacerles cortantes reproches. Invariablemente, cuando tales personas llegaban a él, ya estaban quebrantadas, humilladas y hartas de la vida de pecado. Él, con entusiasmo, les otorgaba perdón, sanidad y plena comunión con él en base a la fe de ellos solamente (cp. Lucas 7:50; 17:19).

La única clase de pecadores a quien Jesús, por lo general, trataba con firmeza era la de los hipócritas profesionales, los farsantes religiosos, los falsos maestros y los farisaicos vendedores de piedad artificial: escribas, intérpretes de la ley, saduceos y fariseos. Ellos eran los líderes religiosos en Israel: «gobernantes» espirituales (para usar un término que la Escritura con frecuencia aplica a ellos). Eran los déspotas guardianes de la tradición religiosa; les importaba más la costumbre y lo conveniente que la verdad. Casi cada vez que aparecen en los relatos de los evangelios, están principalmente interesados en guardar las apariencias y aferrarse a su poder. Cualquier pensamiento que pudieran tener a favor de la auténtica piedad siempre ocupaba un segundo plano ante asuntos más académicos, pragmáticos o egoístas. Ellos eran los hipócritas religiosos por excelencia.

El sanedrín y los saduceos

El poder gobernante que aquellos hombres poseían se derivaba de un gran concilio basado en Jerusalén, que estaba compuesto de setenta y una autoridades religiosas destacadas, conocidas colectivamente como el *sanedrín*. Los miembros del concilio incluían al sumo sacerdote y a setenta sacerdotes principales y eruditos religiosos. (El número se derivaba del nombramiento de Moisés de setenta consejeros para ayudarlo en Números 11:16). El sanedrín tenía la autoridad final en todos los asuntos religiosos y espirituales (y, así, aun en algunos asuntos civiles) de Israel.

Los relatos que los evangelios hacen acerca de la crucifixión de Cristo se refieren alrededor de una docena de veces al sanedrín como «los principales sacerdotes, los escribas, y los ancianos del pueblo» (p. ej.: Mateo 26:3; Lucas 20:1). El sumo sacerdote presidía todo el concilio, desde luego. Los *sumos sacerdotes* eran la alta aristocracia de la línea sacerdotal.

(Algunos de ellos eran hombres que ya habían fungido como sumos sacerdotes en alguna ocasión; otros estaban en línea para servir un período en ese oficio). Prácticamente todos los sumos sacerdotes también eran saduceos. Los *ancianos* eran líderes clave e influyentes miembros de importantes familias ajenos a la línea sacerdotal, y también eran predominantemente saduceos. Los *escribas* eran los eruditos, no necesariamente de nacimiento noble como los sumos sacerdotes y los ancianos, pero eran hombres que se distinguían principalmente debido a su sapiencia erudita y su conocimiento enciclopédico de la ley y la tradición judías. Su grupo estaba dominado por fariseos.

Por tanto, el concilio consistía en una combinación de fariseos y saduceos, que eran partidos rivales. Aunque los saduceos eran sobrepasados en gran medida por los fariseos en la cultura en general, sin embargo mantenían una notable mayoría en el sanedrín, por lo que llevaban las riendas del poder con firmeza. El estatus de su primogenitura sacerdotal, en efecto, predominaba sobre la erudita influencia de los fariseos, porque estos eran tradicionalistas tan devotos que se inclinaban ante la autoridad de la línea sacerdotal, aunque estuvieran en fuerte desacuerdo con prácticamente todo lo que distinguía al sistema de creencias de los saduceos.

Por ejemplo, los saduceos cuestionaban la inmortalidad del alma humana, negando tanto la resurrección del cuerpo (Mateo 22:23) como la existencia del mundo espiritual (Hechos 23:8). El partido de los saduceos también rechazaba el énfasis que los fariseos hacían en las tradiciones orales, llegando tan lejos como fuese posible en la dirección opuesta. De hecho, los saduceos hacían hincapié en el Pentateuco (los cinco libros de Moisés) casi excluyendo el resto del Antiguo

Testamento. Como resultado, la poderosa expectativa mesiánica que impregnaba la enseñanza de los fariseos quedaba casi por completo perdida en la perspectiva de los saduceos.

En la mayoría de los aspectos, los saduceos eran clásicos teólogos liberales. Su escepticismo en cuanto al cielo, los ángeles y la vida después de la muerte les hacía tener automáticamente una mentalidad terrenal y ansias de poder. Estaban mucho más interesados (y capacitados) en la *política* del judaísmo que lo que estaban dedicados a la religión misma.

Conozcamos a los fariseos

Fueron los fariseos, sin embargo, y no los saduceos más doctrinalmente aberrantes, quienes se convirtieron en las principales figuras de oposición pública a Jesús en los relatos de los cuatro evangelios en el Nuevo Testamento. Su enseñanza dominaba y personificaba la clase religiosa en el Israel del primer siglo.

La palabra *fariseo*, muy probablemente, se basa en una raíz hebrea que significa «separado». Los fariseos tenían una forma ostentosa de intentar mantenerse a sí mismos aislados de todo lo que tuviera alguna connotación de contaminación ceremonial. Su obsesión por las señales externas de piedad era su característica más destacada, tanto que la llevaban en sus mangas, literalmente. Utilizaban las tiras de cuero más anchas posibles para atarse las filacterias a sus brazos y antebrazos. (Las filacterias eran cajas de cuero que contenían pedazos de pergamino inscritos con versículos de las Escrituras hebreas). También alargaban los flecos de sus vestidos (ver Deuteronomio 22:12) a fin de hacer que su demostración pública de devoción religiosa fuese lo más llamativa posible. Por tanto, habían tomado un símbolo que debía ser un recordatorio para ellos mismos (Números 15:38-39) y lo habían convertido en un anuncio de su fariseísmo para atraer la atención de los demás.

La influencia de los fariseos era tan profunda en la vida judía de principios del siglo I, que hasta sus adversarios teológicos, los saduceos, tenían que conformarse al estilo de oración de ellos, a la observancia del día de reposo y a la ceremonia en su conducta pública, pues de otro modo la opinión popular no los habría tolerado.

Esa influencia era palpable en la cotidianidad de Israel durante la vida de Jesús, especialmente con respecto a asuntos de piedad pública como regulaciones del día de reposo, lavatorios rituales, restricciones alimenticias, y otros asuntos de la pureza ceremonial. Esas cosas se convirtieron en los emblemas de la influencia de los fariseos, por lo que ellos tomaban como tarea intentar que todo el mundo en la cultura cumpliera sus costumbres, aunque muchas de sus tradiciones no tenían base alguna en la Escritura. La mayoría de sus conflictos con Jesús se centraba precisamente en esos asuntos, por lo que desde el comienzo de su ministerio público los fariseos se situaron contra él con la oposición más feroz.

Había algunos fariseos excepcionales, desde luego. Nicodemo era un destacado dirigente de los judíos (ver Juan 3:1). Otro miembro del concilio llamado José de Arimatea (Marcos 15:43 y Lucas 23:50) se convirtió en discípulo de Cristo «secretamente por miedo de los judíos» (Juan 19:38).

Como norma, entonces, las interacciones de Jesús con los fariseos, saduceos, escribas y principales sacerdotes estaban marcadas por la acritud, no por la ternura. Él los reprendía públicamente y frente a frente. Repetidamente decía cosas duras *sobre* ellos en sus sermones y discursos públicos; advertía a sus seguidores que se guardasen de su mortal influencia. A menudo empleaba un lenguaje más fuerte en sus denuncias a los fariseos del que nunca utilizó contra las paganas autoridades romanas o sus ejércitos ocupadores.

Ese ataque constante enfurecía totalmente a los fariseos. De buena gana habrían aceptado a cualquier mesías que se opusiera a la ocupación romana de Israel y afirmase sus tradiciones farisaicas. Jesús, sin embargo, no habló una palabra contra el César aun cuando trataba a toda la aristocracia religiosa de Israel como si ellos fueran tiranos más peligrosos que el propio César.

Sin duda, lo eran. En términos espirituales, la pretendida superioridad moral y el tradicionalismo religioso de los fariseos representaban un peligro más claro y evidente para el bienestar de la nación que la presión política que había sido aplicada a Israel por el César y sus ejércitos de ocupación. Eso es decir bastante, dado que en menos de medio siglo, los ejércitos romanos devastarían completamente a Jerusalén y enviarían a la población de Israel a un prolongado exilio (la Diáspora), del cual el pueblo judío no ha emergido totalmente incluso en la actualidad.

Sin embargo, por profundo y trascendental que fue el holocausto del año 70 D. C. para la nación judía, una calamidad mucho mayor se cernía con la justicia propia institucionalizada de la clase de religión de los fariseos, especialmente en cuanto a su preferencia por las tradiciones humanas por encima de la Palabra de Dios. Eso condujo a un desastre *espiritual* de proporciones eternas e infinitas, porque la mayoría de los israelitas de aquella generación rechazaron a su verdadero Mesías; y multitudes de sus descendientes han continuado la incansable búsqueda de la tradición religiosa durante casi dos milenios completos, muchos negándose a prestar una seria consideración a las afirmaciones de Cristo como el Mesías de Dios.

El sistema legalista de los fariseos era, en efecto, una pavimentadora que allanó el camino para esa tragedia. El apóstol Pablo (fariseo convertido) estaba describiendo con todo detalle la religión farisaica en Romanos 10:2-3 cuando lamentó la incredulidad de Israel: «Porque yo les doy testimonio de que tienen celo de Dios, pero no conforme a ciencia. Porque ignorando la justicia de Dios, y procurando establecer la suya propia, no se han sujetado a la justicia de Dios».

Los fariseos sí que tenían cierto tipo de celo por Dios. De hecho, eran genuinos expertos en lo referente a conocer las *palabras* de la Escritura. Eran también escrupulosos en su observancia de los más mínimos detalles externos de la ley. Si compraban semillas para su huerto, por ejemplo, contaban meticulosamente los granos que había en cada paquete y apartaban el diezmo (Mateo 23:23).

Desde una perspectiva humana, todas esas cosas tenían apariencia de profunda devoción a Dios. Mirándolo de ese modo, se podría haber pensado que los fariseos eran los hombres con *menos* probabilidad de su generación en convertirse en los peores enemigos del Mesías. Eran profundamente religiosos, no descuidados ni profanos; sin duda, no eran ateos reconocidos que abiertamente minaban la fe del pueblo en la Palabra de Dios. Ellos fomentaban la piedad, no lo licencioso; defendían el celo, el rigor y la abstinencia, no la mundanalidad ni la indiferencia a las cosas espirituales. Ellos abogaban por el judaísmo, no por el tipo de sincretismo pagano en que sus vecinos samaritanos y muchas otras generaciones anteriores de israelitas se habían interesado. Su religión era toda su vida.

Hasta precedía a Dios mismo.

Y ahí estaba el problema. Los fariseos habían ideado un hábil disfraz, ocultando su fariseísmo y su hipocresía bajo una capa de celo religioso. Eran cuidadosos para mantener la apariencia, pero no la realidad, de una sincera devoción a Dios. Más que eso, habían mezclado tan bien sus tradiciones religiosas hechas por el hombre con la verdad revelada de Dios, que ellos mismos no podían distinguir la diferencia. A pesar de toda su pericia sapiencial en la singular variedad erudita del Antiguo Testamento que fomentaban, insistían en ver las Escrituras con los lentes de la tradición humana. La tradición, por tanto, se convirtió en su principal autoridad. Bajo esas circunstancias, no había modo en que la Escritura corrigiera sus tradiciones *erróneas*. Los fariseos, por tanto, se convirtieron en los principales arquitectos de una rama corrupta de judaísmo cultural y tradicional (pero no verdaderamente bíblico).

Los fariseos que seguían ciegamente la línea del partido en nombre de la tradición eran el peor tipo de lobos vestidos de ovejas, rabinos corruptos que usaban túnicas de lana propias de profetas y devoraban a las ovejas del rebaño del Señor bajo la cubierta de ese disfraz. Eran, de hecho, rebeldes decididos contra Dios y su Ungido, aunque se cubrían a sí mismos con esa empalagosa y pretenciosa muestra de piedad externa. Aun cuando eran confrontados con la liberadora verdad bíblica, obstinadamente seguían siendo defensores del legalismo.

No es sorprendente que Jesús tratase con ellos tan duramente.

El mal de la religión falsa

Los hombres y mujeres que carecen de una perspectiva bíblica tienden a pensar en la religión como la expresión más noble del carácter humano. La opinión popular en el mundo, en general, casi siempre ha considerado la religión como algo inherentemente admirable, honorable y beneficioso.

En realidad, ningún otro campo de las humanidades —la filosofía, la literatura, las artes ni cualquier otro— tiene tanta potencialidad para causar daño como la religión. Nada es más completamente maligno que la religión *falsa*, y cuanto más tratan los falsos maestros de vestirse con ropas de verdad bíblica, más satánicos son realmente.

No obstante, los emisarios de Satanás con aspecto benigno y hábilmente religiosos son ordinarios, no extraordinarios. La historia de la redención está llena de ellos y la Biblia continuamente nos advierte contra tales falsos maestros: lobos salvajes con pieles de ovejas, «falsos apóstoles, obreros fraudulentos, que se disfrazan como apóstoles de Cristo» (2 Corintios 11:13-15). En efecto, nada es más completamente diabólico que la religión falsa, por lo que se nos advierte repetida y explícitamente que no tomemos a la ligera la enseñanza falsa debido a que se parece mucho a la verdad.

Los falsos maestros nunca fueron más agresivos que durante el ministerio terrenal del Señor Jesucristo. Era como si todo el infierno realizara su mayor asalto contra él en aquellos tres años. Y la oposición más feroz a Cristo provenía de los más respetados líderes del sector religioso de la sociedad. No venía del inframundo criminal de la cultura ni de su clase baja secular. No fue de los marginados de la sociedad: los recaudadores de impuestos, los maleantes, los matones, las prostitutas y los ladrones. Por el contrario, los principales emisarios y agentes de Satanás fueron los más devotos, los más santurrones, los más respetados líderes religiosos de todo Israel, guiados en ese esfuerzo por la más estricta de todas sus principales sectas: los fariseos.

Danza con lobos

Cualquier pastor que alimente y cuide ovejas se consideraría loco si viera a los lobos como potenciales mascotas que podrían ser domesticadas y unirse al rebaño. Suponga que se dedica activamente a buscar e intentar amistarse con los cachorros, pretendiendo enseñarles a mezclarse con sus ovejas, e *insiste* contra todo sabio consejo en que su experimento pudiera tener éxito, y en que si lo tuviera, los lobos adquirirían la ternura de las ovejas y estas también aprenderían cosas de lobos. Un pastor así sería peor que inútil; supondría un extremo peligro para el rebaño.

Casi tan malo sería un pastor cuya visión fuese miope. Como nunca ha visto un lobo claramente con sus propios ojos, cree que la amenaza que constituyen los lobos es exagerada. Aunque sus ovejas siguen desapareciendo o siendo destrozadas por *algo*, se niega a creer que son lobos los que están haciendo daño a su rebaño. Declara que está cansado de oír agudas advertencias sobre los lobos por parte de otros. Así que comienza a contar la historia de «El muchacho que gritaba: ¡el lobo!» a todos los que lo escuchen. Finalmente, llegando a la conclusión de que la «negatividad» de otras personas hacia los lobos supone un peligro mayor para su rebaño que los propios lobos, toma su flauta y toca una suave melodía para adormecer a las ovejas.

Después, desde luego, está el «asalariado, y que no es el pastor, de quien no son propias las ovejas». Él «ve venir al lobo y deja las ovejas y huye, y el lobo arrebata las ovejas y las dispersa. Así que el asalariado huye, porque es asalariado, y no le importan las ovejas» (Juan 10:12-13)

Una lección clave que podemos aprender del ejemplo de Jesús es que hasta el pastor más amable y amigable peleará contra los lobos que intentan colarse en el rebaño disfrazados de ovejas, porque un verdadero pastor *se* preocupa por sus ovejas.

¿Fue Jesús siempre «amable»?

El Buen Pastor nunca estuvo lejos de la franca controversia con los habitantes más visiblemente religiosos en todo Israel. Casi cada capítulo de los evangelios hace alguna referencia a su constante batalla con los principales hipócritas de su época y no hizo esfuerzo alguno por ser agradable en sus encuentros con ellos.

El ministerio público de Jesús apenas acaba de comenzar cuando él invadió lo que ellos consideraban su territorio, el templo de Jerusalén, y pasó a desbocarse contra su mercenario control de la adoración en Israel. Él hizo lo mismo durante la semana final antes de su crucifixión, inmediatamente después de su entrada triunfal en la ciudad. Uno de sus últimos discursos públicos más importantes fue el solemne pronunciamiento de siete ayes contra los escribas y los fariseos. Estas fueron maldiciones formales contra ellos. Ese sermón fue lo más alejado de un diálogo amigable. El relato que Mateo hace de este llena todo un capítulo (Mateo 23) y, como observamos antes, está totalmente desprovisto de palabras positivas o alentadoras para los fariseos y sus seguidores. Lucas destila y resume todo el mensaje en tres breves versículos: «Y oyéndole todo el pueblo, dijo a sus discípulos: Guardaos de los escribas, que gustan de andar con ropas largas, y aman las salutaciones en las plazas, y las primeras sillas en las sinagogas, y los primeros asientos en las cenas; que devoran las casas de las viudas, y por pretexto hacen largas oraciones; estos recibirán mayor condenación» (Lucas 20:45-47).

Ese es un resumen perfecto de los tratos de Jesús con los fariseos; es una feroz denuncia, una sincera diatriba sobre la gravedad de su error. No hay conversación, no hay colegialidad, no hay diálogo y no hay cooperación. Solo confrontación, condenación y (como registra Mateo) maldiciones contra ellos.

La compasión de Jesús es claramente evidente en dos hechos que agrupan esta declamación. En primer lugar, Lucas dice que cuando Jesús se acercó a la ciudad y observó todo su panorama por última vez, se detuvo y lloró sobre ella (19:41-44). Y en segundo lugar, Mateo registra un lamento parecido al final de los siete ayes (23:37). Por tanto, podemos estar totalmente seguros de que cuando Jesús lanzó esta diatriba, su corazón estaba lleno de compasión.

Sin embargo, esa compasión está dirigida a las víctimas de la falsa enseñanza, no a los falsos maestros. No hay indicio de comprensión, ninguna proposición de clemencia ni rastro de bondad, ningún esfuerzo por parte de Jesús para ser «amable» con los fariseos. Además, con esas palabras Jesús pronunció de modo formal y claro el destino de ellos y los señaló públicamente como una advertencia para otros.

Regresemos al punto de inicio del ministerio de Jesús y observemos cómo comenzó y se desarrolló esa hostilidad entre él y los fariseos. Creo que muchos lectores se sorprenderán al descubrir que fue Jesús quien hizo el primer disparo. Y fue una andanada asombrosamente potente.

───────────

El severo y santo Cristo, el indignado y poderoso Mesías, el Mensajero del pacto de quien está escrito: «Él purificará a los hijos de Leví, y los purgará como oro y plata, para que ofrezcan al Señor una ofrenda de justicia» no es agradable para aquellos que solo quieren un Cristo tierno y dulce. [Lo que vemos, en cambio, es] el ardiente celo de Jesús que llegó con tan repentina y tremenda efectividad que ante este hombre desconocido, que no tenía mayor autoridad que su propia persona y su palabra, esa multitud de mercaderes y cambistas, los cuales pensaban que estaban plenamente dentro de sus derechos cuando realizaban sus negocios en los atrios del Templo, huyeron en tropel como un montón de muchachos malos.

—R. C. Lenski

Dos

DOS PASCUAS

Le hallaron en el templo, sentado en medio de los doctores
de la ley, oyéndoles y preguntándoles.
LUCAS 2:46

Y haciendo un azote de cuerdas, echó fuera del templo
a todos.
JUAN 2:15

El primer encuentro registrado de Jesús con los principales rabinos de Jerusalén fue el más manso y benigno de todos los que se sabe que tuvo cara a cara con ellos. Sucedió cuando era aún un muchacho de doce años que visitaba Jerusalén con sus padres para la fiesta de la Pascua. De todos los escritores de los evangelios, solamente Lucas tiene algo que decir en cuanto a la niñez o la adolescencia de Jesús, y este es el único episodio registrado en Lucas desde su nacimiento hasta su bautismo: «Iban sus padres todos los años a Jerusalén en la fiesta de la pascua; y cuando tuvo doce años, subieron a Jerusalén conforme a la costumbre de la fiesta» (Lucas 2:41-42).

El día después de la Pascua comenzaba cada año con una celebración de una semana conocida como la Fiesta de los panes sin levadura (Levítico 23:6-8). Combinadas, entonces, esas dos fiestas abarcaban ocho días completos. Durante esa semana, toda Jerusalén estaba abarrotada de peregrinos que llegaban a ofrecer sacrificios, a participar de las fiestas y de otras actividades.

La Pascua en Jerusalén: primera escena

A la edad de doce años en esa cultura, Jesús estaba a las puertas de convertirse en hombre. Al año siguiente sería *bar mitzvah*: un hijo del mandamiento. Sería considerado formalmente como adulto, personalmente responsable ante la ley y con derecho a participar públicamente en la adoración judía. Hasta entonces, sin embargo, seguía siendo un niño no solo a los ojos de su cultura. Era un verdadero niño, en todos los sentidos, que estaba pasando por los procesos normales del desarrollo biológico, mental y social. En otras palabras, en su niñez, Jesús no era algún tipo de prodigio paranormal. El registro de los evangelios deja esto totalmente claro.

De hecho, este breve vistazo a su niñez es uno de los retratos más vívidos que la Biblia hace de Cristo en su plena humanidad. Lo que vemos en Lucas 2 es un muchacho muy normal con padres reales.

José y María iban anualmente a Jerusalén para celebrar la Pascua (v. 41). Pero es probable que Lucas 2 esté describiendo la primera Pascua de Jesús en Jerusalén. Era costumbre que los muchachos en su último año de la niñez experimentaran su primera fiesta en el templo. La preparación para el *bar mitzvah* requería una instrucción en la ley, incluida la familiaridad con las costumbres, rituales, fiestas y sacrificios judíos. La semana de la Pascua permitía una intensa iniciación en todas esas cosas, así que era común que los muchachos en su último año de niñez tuvieran el privilegio de acompañar a sus padres a Jerusalén para esa semana de celebración.

Lucas no dice nada acerca de la celebración de la Pascua o la Fiesta de los panes sin levadura, sino que recoge la historia cuando era momento de que la familia regresara a Galilea:

> Al regresar ellos, acabada la fiesta, se quedó el niño Jesús en Jerusalén, sin que lo supiesen José y su madre. Y pensando que estaba entre la compañía, anduvieron camino de un día; y le buscaban entre los parientes y los conocidos; pero como no le hallaron, volvieron a Jerusalén buscándole.
>
> **(Lucas 2:43-45)**

La separación de Jesús y sus padres se debió a una mala interpretación por parte de estos. El relato del evangelio no sugiere, en manera alguna, que Jesús estuviera siendo travieso o rebelde. Simplemente estaba absorto en lo que sucedía en el templo: precisamente aquello para lo que estaba allí. El día en que estaba previsto que partiesen, sin embargo, los padres de Jesús estaban ocupados con los preparativos para el viaje de regreso a casa. Cuando se fueron, él se quedó; no por falta de respeto ni por desafío, sino simplemente porque (como todos los niños) estaba totalmente absorto en algo que había captado su atención. Su verdadera humanidad nunca se muestra tan claramente como cuando lo hace en este relato.

Debido a que muchos peregrinos descendían a Jerusalén durante esa semana, todos los caminos y posadas estaban llenos de gente, y grandes números de personas de cada comunidad viajaban juntas a la fiesta de ida y de regreso. De una ciudad del tamaño de Nazaret, puede que hubiera cien o más personas en el grupo de los padres de Jesús, algunas caminando y otras dirigiendo a unos lentos animales de carga. Un grupo tan grande es probable que se extendiese a lo largo de más de un kilómetro de distancia; las mujeres generalmente viajaban juntas en uno o varios grupos pequeños, no con los hombres.

Por tanto, es fácil entender cómo se produjo esa confusión. No cabe duda de que María y José supusieron que Jesús estaba con alguien más. Él ciertamente no había sido un niño dado a las travesuras, así que ni su padre ni su madre pensaron en investigar dónde estaba hasta el final del primer día de viaje, cuando de repente descubrieron que no estaba con el grupo. Así que regresaron de inmediato y recorrieron frenéticamente todo Jerusalén, revisando y volviendo a comprobar todos los lugares donde habían estado con Jesús. Excepto, quizá, el lugar más obvio. «Y aconteció que tres días después le hallaron en el templo, sentado en medio de los doctores de la ley, oyéndoles y preguntándoles. Y todos los que le oían, se maravillaban de su inteligencia y de sus respuestas» (vv. 46-47).

Este es un retrato único de Jesús, sentado entre los principales rabinos de Israel, hablando educadamente con ellos, haciendo preguntas, y sorprendiéndolos con su comprensión y discernimiento. Aunque seguía siendo un niño en todos los aspectos, era el alumno más asombroso al que no habían tenido nunca el privilegio de enseñar. Era evidente que había mantenido a aquellos maestros plenamente activos por tres días. Lucas dice que Jesús estaba escuchando y haciendo preguntas, y lo que sorprendió a esos tutores fue su entendimiento en cuanto a la información que ellos le daban y las respuestas de él (v. 47). Por tanto, obviamente estaban interrogándolo al mismo tiempo que se asombraban por su poder de atención y su capacidad para percibir la verdad espiritual.

Habría sido una asombrosa lección para escuchar en secreto, y es la única ocasión en todos los relatos de los evangelios en que vemos a Jesús sentado a los pies de alguien para aprender. Sin duda, a lo largo de su niñez *sí* tuvo otros maestros, y Lucas parece reconocer eso en su descripción acerca de cómo maduraba Jesús (v. 52), pero Lucas 2:46 sigue siendo la única vista a la carrera de estudiante de Jesús que se nos da en la Escritura. Y es el único registro en todos los evangelios de cualquier intercambio extenso entre Jesús y cualquier grupo de principales rabinos.

La lección llegó a un final bastante abrupto cuando José y María al fin encontraron a Jesús. Su ansiedad y exasperación son, sin duda, fáciles de entender desde el punto de vista de cualquier padre: «Cuando le vieron, se sorprendieron; y le dijo su madre: Hijo, ¿por qué nos has hecho así? He aquí, tu padre y yo te hemos buscado con angustia» (v. 48).

Aquella probablemente no fue la primera vez, y ciertamente no sería la última, en que los inocentes motivos de Jesús fuesen mal entendidos y malinterpretados. Tampoco debería leerse su respuesta a José y María como una réplica insolente. Él estaba verdaderamente sorprendido de que ellos no hubieran sabido exactamente dónde buscarlo. «Entonces él les dijo: ¿Por qué me buscabais? ¿No sabíais que en los negocios de mi Padre me es necesario estar?» (v. 49).

María, desde luego, se estaba refiriendo a José cuando dijo: «tu padre». Jesús, sin embargo, estaba llamando a Dios «mi Padre». (Sin duda, Jesús ya tenía un claro sentido de quién era Él y dónde yacía su verdadera responsabilidad). Pero en aquel momento, los padres de Jesús estaban tan abrumados por el alivio de haberlo encontrado, tan sorprendidos al verlo a los pies de aquellos destacados rabinos, y tan fatigados por toda la situación, que «no entendieron las palabras que les habló» (v. 50).

La Pascua en Jerusalén: segunda escena

Avancemos más de quince años. Ahora, Jesús es un adulto totalmente maduro de unos treinta años de edad, y está de nuevo en Jerusalén para otra Pascua. «Estaba cerca la pascua de los judíos; y subió Jesús a Jerusalén» (Juan 2:13). El ministerio público de Jesús duraría poco más de tres años en total y, por tanto, cubrió cuatro Pascuas. Su reputación en seguida comenzaría a difundirse durante esa primera semana de la Pascua, y su crucifixión se produciría el día de la Pascua, exactamente tres años después.

La Escritura no nos da información alguna sobre la vida de Jesús después del final de Lucas 2 hasta que es bautizado por Juan en el río Jordán. Por tanto, Juan registra la primera mirada de cerca a Jesús en un contexto público y urbano. De hecho, esta Pascua es realmente el primer acontecimiento público importante del ministerio de nuestro Señor. Aunque trabajará y vivirá la mayor parte del tiempo en Galilea, escoge el mayor acontecimiento del año en Jerusalén para hacer su debut público. Como vemos por la narrativa que se desarrolla, Jesús no hace intento alguno por ofrecer una imagen «positiva» antes de provocar una confrontación:

Y halló en el templo a los que vendían bueyes, ovejas
y palomas, y a los cambistas allí sentados. Y haciendo
un azote de cuerdas, echó fuera del templo a todos, y
las ovejas y los bueyes; y esparció las monedas de los
cambistas, y volcó las mesas; y dijo a los que vendían
palomas: Quitad de aquí esto, y no hagáis de la casa
de mi Padre casa de mercado (vv. 14-16).

Jerusalén estaba atestada de peregrinos nuevamente, no
solo de toda la tierra de Israel sino también de las comunidades
judías desplegadas por todo el mundo romano. La población
de la ciudad podía duplicarse durante una típica semana de
Pascua. Desde luego, los mercaderes de toda la ciudad se apro-
vechaban inmensamente de los beneficios que les daban los
peregrinos durante las festividades.

Los sacerdotes del templo hasta tenían sus propias y muy
beneficiosas concesiones establecidas en las instalaciones del
templo. Una parte del inmenso atrio exterior (conocido como
el atrio de los gentiles) había sido convertida en un bullicioso
bazar, lleno de mercaderes de animales y cambistas de monedas.
Con multitudes llegando para celebrar la Pascua desde todos
los rincones del imperio, era imposible que algunos de ellos
llevaran sus propios bueyes, corderos o palomas para el sacrificio. Además, los corderos pascuales tenían que ser «sin defecto,
macho de un año» (Éxodo 12:5). Otros animales sacrificiales
igualmente tenían que ser sin defecto. La ley era clara al respecto: «Ninguna cosa en que haya defecto ofreceréis, porque no será
acepto por vosotros» (Levítico 22:20). Los sacerdotes, por tanto,
inspeccionaban con detalle todo animal que se llevaba al altar y,
si encontraban algún defecto, declaraban al animal inaceptable.

Por razones obvias, era terriblemente inconveniente para cualquier familia llevar a un animal para el sacrificio en un viaje de más de tres días desde Galilea solo para que lo declarasen inaceptable para el sacrificio. Y para muchos, el viaje a Jerusalén era demasiado largo como para siquiera pensar en llevar consigo animales para el sacrificio. Por tanto, los mercaderes del templo vendían animales ya aprobados, pero con un buen recargo.

Las mesas de los cambistas de dinero igualmente eran un servicio para los peregrinos y adoradores, porque las ofrendas al templo tenían que hacerse con monedas judías. Las monedas romanas tenían impresiones de César (Lucas 20:24), lo cual se consideraba idolatría.

El Antiguo Testamento prescribía una ofrenda de medio shekel a todo varón de veinte años en adelante, que debía dar en cada censo nacional (Éxodo 30:13-14). El impuesto de medio shekel era concretamente con el fin de usarse para el mantenimiento del templo (v. 16) y, en el siglo primero, con la reconstrucción masiva que hizo Herodes de todas las instalaciones del templo, eso se había convertido en una donación anual, requerida a cada hombre hebreo devoto. Una moneda de medio shekel equivalía aproximadamente al salario de dos días de un obrero promedio.

Los extranjeros, obviamente, necesitaban cambiar su dinero por auténticas monedas de medio shekel a fin de hacer el donativo, por lo que las autoridades del templo parecen haber acaparado el mercado de todo el cambio de monedas en Jerusalén. El resultado era que cargaban una tasa usuraria al tipo de cambio de las monedas.

Bajo la ley del Antiguo Testamento no se permitía a los judíos cargar intereses a sus propios compatriotas, ya fuese «de dinero, ni interés de comestibles, ni de cosa alguna de que se suele exigir interés» (Deuteronomio 23:19). Por tanto, un elevado tipo de cambio en las monedas de medio shekel era bastante malo bajo cualquier circunstancia. Pero el hecho de que eso se hiciera con las ofrendas de los adoradores, en los terrenos del templo, bajo la supervisión de las autoridades del templo y con su estímulo, era definitivamente maligno. En efecto, las autoridades del templo estaban albergando y beneficiándose de una cueva de ladrones (cp. Marcos 11:17), explotando precisamente a las personas a quienes debían haber estado ministrando. Esa explotación fue lo que causó que Jesús pronunciara la total destrucción del templo (Lucas 21:6).

Tampoco es difícil imaginar lo que toda esa actividad hacía al ambiente en los terrenos del templo. Ovejas balando, bueyes mugiendo, mercaderes regateando y peregrinos indignados alzando sus voces a la vez en medio del miasma de estiércol de todos esos animales. Era un hervidero de ruido, discrepancia, suciedad y pandemonio. Sin duda, no era en ninguna manera un ambiente para la adoración. Era un caos carnal, la primera vista que recibía cada peregrino que llegaba al monte del templo.

La respuesta de Jesús realmente refleja un extraordinario grado de paciencia y deliberación. Él anudó, esmerada y cuidadosamente, algunas cuerdas para hacer un látigo o un azote (como uno de nueve cuerdas). Por allí habría en abundancia pequeñas cuerdas, sogas baratas usadas para atar a los animales.

La respuesta de Jesús es increíblemente valiente, en especial cuando consideramos que en ese momento era bastante desconocido, actuando públicamente contra la confederación más poderosa del judaísmo, entrometiéndose en el terreno de esta gente (o por lo menos eso creían *ellos*), y situándose en contra de un gran número de personas que no tenían escrúpulos para lucrarse y que probablemente no dudarían en usar la violencia contra él.

Parece improbable que *él* les hiciera algún daño físico a *ellos*. Un látigo de pequeñas cuerdas era una herramienta común e inofensiva que se utilizaba para guiar a los animales grandes. (Un látigo así, hecho a mano, probablemente no podría infligir ningún dolor a bueyes u ovejas; realmente era un medio muy suave de guiarlos comparado con una típica vara para bueyes). No hay sugerencia alguna de que él azotase a los mercaderes o a los cambistas. Juan 2:15 dice que «echó fuera del templo a todos, y las ovejas y los bueyes». Lo más probable es que usase el látigo para guiar a los animales y que empleara a los animales como motivo para que los mercaderes fuesen detrás de ellos. Así, puso en orden el lugar. Si cualquier animal o sinvergüenza ofrecieron resistencia, la Escritura no lo menciona.

Hasta volcó las mesas de los cambistas y tiró al piso sus monedas. Debió ocurrir un gran tumulto allí, pero en medio de ello Jesús se muestra sereno; feroz en su enojo, quizá, pero decidido, enfocado, estoico y totalmente tranquilo. Él es el vivo retrato del dominio propio. Esto es verdaderamente indignación *justa*, no un violento arrebato que se le haya escapado de las manos.

Los mercaderes y cambistas, como contraste, instantáneamente fueron enviados fuera. Él «echó fuera del templo *a todos*». ¡Y qué alboroto se fue con ellos! Los mercaderes de animales seguían frenéticamente a sus ovejas y bueyes, cuyos instintos de agruparse habrían hecho que toda la evacuación se pareciese mucho a una estampida, probablemente por las escalinatas del sur, contra las olas de peregrinos que *subían* por esas escalinatas, haciendo que se apresuraran a apartarse del camino.

El completo control que tenía Jesús de la situación era tal que no surgió ninguna revuelta. No hay mención en absoluto de ninguna herida, ya fuese a hombre o a animal. La acción más «violenta» que se describe aquí es que se volcaron las mesas.

Juan, uno de los primeros discípulos a quien Jesús llamó, sin duda estaba presente aquel día y por tanto escribe este relato como testigo ocular. Así, describe sus propios pensamientos cuando dice: «Entonces se acordaron sus discípulos que está escrito: El celo de tu casa me consume» (2:17). Esa es una referencia a Salmos 69:9: «Porque me consumió el celo de tu casa; y los denuestos de los que te vituperaban cayeron sobre mí». Ese versículo, a su vez, es paralelo de Salmos 119:139: «Mi celo me ha consumido, porque mis enemigos se olvidaron de tus palabras». Ambos pasajes se aplican perfectamente a este incidente. Los dos textos describen una furia celosa que no es el resentimiento egoísta de alguien que ha sufrido un insulto personal. Al contrario, es un profundo ultraje que viene de comprender que *Dios* está siendo deshonrado.

De modo sorprendente, las autoridades del templo no detuvieron a Jesús. Claramente, el punto de Jesús acerca de la profanación del templo dio con precisión en el blanco. Las personas en el atrio del templo sabían, sin duda, que eran víctimas del engaño de los avariciosos mercaderes, por lo que su simpatía ciertamente habría estado con Jesús. Cualquier conmoción que los actos de él causaron pareció haberse desvanecido con rapidez.

Todo este episodio fue, obviamente, una gran vergüenza para el sanedrín. Jesús sacó a la luz las triquiñuelas de sus tratos comerciales en el lugar. Él los declaró culpables de profanar el templo y lo hizo francamente, a la luz del día, mientras el sanedrín tenía la ventaja como administradores del lugar. Él no se encogió ni retrocedió cuando un equipo de los matones de ellos llegó para desafiarlo. Y al final, ellos fueron quienes se vieron obligados a retroceder, porque el objetivo de Jesús era demasiado claro y demasiado obvio para refutarlo. Si lo arrestaban, aun por una acusación de alterar la paz, eso necesitaría un juicio. Declararían testigos; se daría testimonio; y ellos ya habían quedado claramente demasiado expuestos para querer llevar más lejos ese incidente. Por tanto, parece que lo dejaron marchar.

Para quienes preferirían a un Mesías manso, perpetuamente amigable y sentimental que se acercase a otros líderes religiosos y participase en un erudito diálogo con ellos en lugar de desafiarlos, eso parece establecer un inquietante precedente al comienzo mismo del trato de Jesús con los líderes judíos. Pero según la propia afirmación de él, el Príncipe de paz no es un pacificador cuando se trata de hipocresía y de falsa enseñanza. «No penséis que he venido para traer paz a la tierra; no he venido para traer paz, sino espada» (Mateo 10:34). Ciertamente no había duda alguna acerca de eso en las mentes del sanedrín, por lo que la mayoría de ellos lo odiaba profundamente desde el principio debido a la forma en que los humillaba.

Para añadir ironía a la ironía, el primer encuentro personal de Jesús con uno de los miembros del sanedrín sería una reunión secreta con un tono y un tenor totalmente distintos a estos. Comenzará con una propuesta de paz, pero no por parte de Jesús. El siguiente encuentro sería iniciado por uno de los principales fariseos: Nicodemo.

Hay varias cosas que pueden ayudar a hacer la vida justa ante los ojos de los hombres, pero nada la hará afable ante los ojos de Dios, a menos que el corazón sea cambiado y renovado. Además, todas las medicinas que puedan aplicarse, sin la obra santificadora del Espíritu, aunque puedan cubrir, nunca pueden curar las corrupciones y las enfermedades del alma... Tales personas civilizadas van al infierno sin mucha inquietud, estando dormidas en pecado y a la vez sin roncar para molestia de otros; están tan lejos de ser despertadas que muchas veces son elogiadas y alabadas. Ejemplo, costumbre y educación también pueden ayudar al hombre a hacer una exhibición justa en la carne, pero no a caminar tras el Espíritu. Pueden podar y cortar el pecado, pero nunca arrancarlo de raíz. Lo único que pueden hacer es convertir a un hombre en un sepulcro, verde y floreciente en la superficie y en el exterior, cuando en el interior no hay otra cosa que mal olor y corrupción.

—George Swinnock

Tres

UNA ENTREVISTA
A MEDIANOCHE

*Lo que es nacido de la carne, carne es; y lo que es nacido
del Espíritu, espíritu es. No te maravilles de que te dije:
Os es necesario nacer de nuevo.*
JUAN 3:6-7

Desde ese primer altercado previo a la Pascua con los líderes religiosos de Israel hasta el final de su ministerio terrenal, Jesús enseñó y sanó principalmente entre el pueblo común, que «le oía
de buena gana» (Marcos 12:37). Escribas, fariseos y saduceos
con frecuencia permanecían en los alrededores observándolo
con ojos críticos, desafiando ocasionalmente la enseñanza de
Jesús o expresando furia porque se negaba a observar todas las
reglas ceremoniales de ellos. Pero desde ese punto en adelante,
prácticamente todos los encuentros registrados de Jesús con los
fariseos implicaron conflicto.

Unos cuantos fariseos amigables

Un análisis de los evangelios deja ver muy pocas excepciones a
ese patrón. Pero vale la pena mencionarlas.

Por ejemplo, los tres evangelios sinópticos describen la resurrección de la hija de Jairo (Mateo 9:18-26; Marcos 5:22-43; Lucas 8:41-56). Jairo era un gobernante en la sinagoga de Capernaum, sin duda un discípulo de los fariseos, y posiblemente hasta él mismo lo era. Es un ejemplo muy raro de un líder judío a quien Jesús bendijo en lugar de condenar. Jairo acudió a Jesús en un momento de desesperación, «porque tenía una hija única, como de doce años, que se estaba muriendo» (Lucas 8:42).

La niña, en realidad, murió mientras Jairo llevaba su petición a Jesús (v. 49), pero luego este la resucitó de la muerte. Jairo, desde luego, se quedó «atónito» cuando Jesús resucitó de la muerte a su hija (v. 56), y sin duda fue conmovido con la gratitud más profunda. Lo que pasó con él después de eso no está registrado, pero las palabras que Jesús le dijo justamente antes de resucitar a la niña de la muerte: «No temas, cree solamente» (Marcos 5:36), no son otra cosa que tiernas, positivas y aseguradoras. Por tanto, parece justo deducir que Jairo sí creía en Cristo: uno de un pequeño puñado de líderes religiosos judíos que dieron evidencia de fe en Jesús mientras su ministerio entre el pueblo común prosperaba.

El joven rico era igualmente un oficial religioso de algún tipo (ver Mateo 19:16-26; Marcos 10:17-27; Lucas 18:18-27). Bien podría haber sido fariseo. Después de todo, uno de los rasgos característicos de los fariseos era su amor al dinero (Lucas 16:14), y ese era sin duda el gran pecado de ese joven. Pero él se acercó a Jesús con una pregunta que ciertamente *parecía* sincera. Aun su saludo resonaba con un respeto auténtico: «Maestro bueno, ¿qué haré para heredar la vida eterna?» (Lucas 18:18).

La respuesta de Jesús, aunque no era lo que el joven había esperado oír, no tenía tono alguno de reproche ni de burla. De hecho, Marcos 10:21 expresamente nos dice que Jesús lo amaba, recordándonos que la frecuente ira suya con los líderes religiosos judíos, su odio a la hipocresía de ellos y su oposición a sus errores no eran de ninguna manera incoherentes con un auténtico amor por *ellos*.

Al menos en tres ocasiones (todas asentadas por Lucas) Jesús cenó en hogares de fariseos (Lucas 7:36-50; 11:37-54; 14:1-14). Aunque esos encuentros comenzaban cordialmente, no obstante todos terminaban con Jesús denunciando la doctrina y la práctica de los fariseos, así que no son realmente importantes desviaciones del patrón de las relaciones contenciosas de Jesús con los líderes religiosos de Israel.

De hecho, el incidente de Lucas 11 terminó con Jesús pronunciando una serie de ayes contra los fariseos y los maestros religiosos. Las últimas palabras de Lucas en esa narrativa describen muy bien el sabor de la *mayoría* de las conversaciones personales de Jesús con los líderes religiosos de Israel: «Diciéndoles él estas cosas, los escribas y los fariseos comenzaron a estrecharle en gran manera, y a provocarle a que hablase de muchas cosas; acechándole, y procurando cazar alguna palabra de su boca para acusarle» (Lucas 11:53-54).

Nic de noche

El relato de Nicodemo en Juan 3 es ciertamente el más inusual de todos los encuentros de Jesús con los fariseos, y el único ejemplo significativo de un extenso diálogo amigable entre él y un fariseo. De hecho, destaca como la conversación personal más larga que Jesús mantuvo con un líder religioso en todos los relatos de los evangelios. Observemos, sin embargo, que lo que hace que esta reunión sea tan poco usual es la respuesta de Nicodemo a Jesús. El Señor no fue menos claro con Nicodemo que con cualquier otro fariseo. Pero es evidente que Nicodemo acudió a Jesús deseando aprender verdaderamente, y no con el típico y ególatra plan fariseo de engrandecerse a sí mismo a costa de Jesús. Y el resultado fue un tipo de intercambio marcadamente diferente.

Nicodemo entra en escena calladamente, tarde en la noche. El temor a lo que sus compañeros de concilio pudieran pensar (o hacerle) parece ser su motivo para llegar bajo el manto de la oscuridad de la noche.

Nicodemo estaba claramente intrigado por Cristo y le mostró el más absoluto respeto, empezando por un reconocimiento rotundo de la autoridad profética de Cristo; una afirmación no oída de ningún otro miembro del concilio ni antes ni después de esta. Le dijo: «Rabí, sabemos que has venido de Dios como maestro; porque nadie puede hacer estas señales que tú haces, si no está Dios con él» (v. 2).

El título «rabí» era una expresión honrosa. Al provenir de un gobernante fariseo como él, era una señal de que Nicodemo consideraba como un igual a Jesús. Desde luego, Nicodemo lo dijo como un gran halago.

Una demanda imposible por parte de Jesús

La respuesta de Jesús fue brusca y directa, una demostración de la autoridad profética que Nicodemo acababa de reconocer: «De cierto, de cierto te digo, que el que no naciere de nuevo, no puede ver el reino de Dios» (v. 3). Ignorando la honra verbal que Nicodemo le había mostrado, y cambiando el tema de su propia capacidad de hacer milagros, Jesús hizo una afirmación que claramente tenía intención de ser un comentario sobre la *incapacidad* y ceguera espirituales de Nicodemo.

Fue una respuesta sorprendente, sobre todo por la estatura de Nicodemo como líder religioso. Nicodemo estaba, sin duda alguna, acostumbrado a que se le mostrara gran honra y deferencia. Las primeras palabras registradas de Jesús hacia él comunicaban en cambio la clara y deliberada implicación de que ese importante fariseo estaba aún tan lejos del reino de los cielos que era incapaz de darse cuenta en absoluto. Si Nicodemo hubiera estado motivado únicamente por el orgullo, o hubiera estado buscando meramente afirmación, sin duda habría quedado ofendido por la respuesta de Jesús.

Nicodemo, sin embargo, estaba claramente siendo atraído a Cristo por el Espíritu Santo, porque su respuesta a Jesús fue sorprendentemente serena. No hay indicio de resentimiento, ningún insulto dirigido a Jesús, ni ninguna frialdad. Él sigue mostrándole el respeto debido a un digno rabí, haciendo una serie de preguntas pensadas para entender el significado de las palabras de Jesús, palabras que debieron haberle golpeado como una fuerte bofetada en la cara.

Nicodemo había dedicado su vida a una rígida observancia de las tradiciones de los fariseos, las cuales él sin duda creía firmemente que estaban en consonancia con la ley de Dios. Podría haber esperado un elogio por parte de Jesús a causa de su piedad; podría haber esperado poder ayudar a reconciliar a Jesús con el sanedrín después del incidente de la limpieza del templo. Aquel había sido, después de todo, el único conflicto público de Jesús con los líderes religiosos de Israel hasta ese momento. Nicodemo bien pudo haber oído sobre la defensa que Juan el Bautista hacía de Jesús, y obviamente habría oído (o hasta sido testigo) de los milagros. De hecho, el lenguaje que Nicodemo utilizó («*sabemos* que has venido de Dios como maestro») sugería que había hablado de las credenciales proféticas de Jesús con otros que estaban de acuerdo en que él debía venir de Dios. Claramente, Nicodemo se acercó a Jesús con muchas esperanzas y anhelantes expectativas.

¡Cómo debió de haberle sorprendido la respuesta de Jesús! Nicodemo había honrado a Cristo llamándolo Rabí; Jesús sugirió, en cambio, que Nicodemo ni siquiera era aún un principiante espiritual; no tenía parte alguna en el reino de Dios. Jesús no estaba siendo brusco o meramente insultante; estaba siendo fiel con un hombre que necesitaba desesperadamente oír la verdad. El alma de Nicodemo estaba en juego.

«¿Nacer de nuevo?». Nicodemo no pareció entender al instante que Jesús estaba hablando de *regeneración*: el nuevo nacimiento, el despertar espiritual del alma muerta. Pero estaba bastante claro que Jesús le estaba llamando a tener un comienzo totalmente nuevo. Eso era mucho pedir a alguien como Nicodemo, que (como cualquier buen fariseo) creía que estaba acumulando méritos delante de Dios mediante toda una vida de cuidadosa atención a los detalles ceremoniales más minuciosos de la ley. ¿Qué quería Jesús que hiciera? ¿Deshacerse de todo eso como si fuera basura?

Así, desde luego, es precisamente como el apóstol Pablo más adelante describiría su propia conversión del fariseísmo en Filipenses 3:7-9:

Pero cuantas cosas eran para mí ganancia, las he estimado como pérdida por amor de Cristo. Y ciertamente,

aun estimo todas las cosas como pérdida por la excelencia del conocimiento de Cristo Jesús, mi Señor, por
amor del cual lo he perdido todo, *y lo tengo por basura*,
para ganar a Cristo, y ser hallado en él, no teniendo mi
propia justicia, que es por la ley, sino la que es por la fe
de Cristo, la justicia que es de Dios por la fe.

Jesús escogió el lenguaje perfecto para comunicar todo
eso a Nicodemo: «Os es necesario nacer de nuevo» (Juan 3:7).
Con esa sencilla expresión, Jesús derribó toda la perspectiva de
Nicodemo y su sistema de valores. Su nacimiento y educación
judíos, sus logros como fariseo principal, el cuidado con el cual
se guardaba de la contaminación ceremonial, el respeto que se
había ganado a los ojos de sus compatriotas, todo el mérito que
pensaba que había acumulado para sí mismo, Jesús lo redu-
jo todo en un instante a una profunda inutilidad. A pesar de
cualquier otro significado que quisiera darle, hasta aquí estaba
claro: Jesús estaba demandando que Nicodemo olvidase todo
lo que defendía, se alejase de todo lo que había hecho como
fariseo, abandonase la esperanza en todo lo que había confiado
y comenzase de nuevo desde el principio.

La respuesta de Nicodemo se ha malentendido mucho:
«¿Cómo puede un hombre nacer siendo viejo? ¿Puede acaso
entrar por segunda vez en el vientre de su madre, y nacer?» (v.
4). No imaginemos que Nicodemo era tan ingenuo como para
pensar que Jesús le estaba diciendo que tenía que nacer de nuevo físicamente. Nicodemo debió haber sido un maestro muy
experimentado o no habría llegado a su posición; claramente,
era un hombre perceptivo, quizá el que tenía más discernimiento de todo el sanedrín. Por tanto, debemos darle el mérito de

tener un mínimo de inteligencia. Su pregunta a Jesús no debería interpretarse como una referencia literal al nacimiento físico más que la frase original de Jesús. No se nos dice en detalle cuán bien entendió Nicodemo el punto de Jesús, pero está claro que captó lo esencial de la idea de que necesitaba un comienzo totalmente nuevo.

Así, su contestación a Jesús meramente retomó la imagen de Jesús y la empleó para mostrarle que entendía la imposibilidad de lo que le acababa de prescribir. Él era un hombre maduro, lo bastante patriarcal en edad y en sabiduría para servir como uno de los principales ancianos de Israel. La membresía en el sanedrín era un honor que no se otorgaba con frecuencia a los jóvenes. Por tanto, cuando Nicodemo preguntó: «¿Cómo puede un hombre nacer siendo viejo?», estaba señalando que los hombres de su edad no deciden simplemente comenzar de nuevo desde un principio. Y cuando preguntó: «¿Puede acaso entrar por segunda vez en el vientre de su madre, y nacer?», es razonable suponer que estaba comentando la completa imposibilidad de hacerse «renacer» *a sí mismo* en ningún sentido. En verdad, entendió mucho más de lo que normalmente se le acredita.

Una referencia críptica del Antiguo Testamento

Para cualquiera que careciese de la familiaridad que tenía Nicodemo con el Antiguo Testamento, la siguiente respuesta de Jesús solo podría haber agravado la confusión. Jesús contestó: «De cierto, de cierto te digo, que el que no naciere de agua y del Espíritu, no puede entrar en el reino de Dios. Lo que es nacido de la carne, carne es; y lo que es nacido del Espíritu, espíritu es. No te maravilles de que te dije: Os es necesario nacer de nuevo» (Juan 3:5-7).

De hecho, muchos estudiantes de la Biblia que examinan este pasaje quedan confundidos. Algunos han sugerido que cuando Jesús habló de «agua», estaba refiriéndose al bautismo, mientras otros interpretan esto como una frase sobre la necesidad del bautismo en agua como requisito previo para la regeneración. Pero el bautismo de Juan no podría haber sido un medio de regeneración, porque implicaba un corazón ya arrepentido, el cual es un *fruto* de la regeneración. El bautismo cristiano (asimismo un símbolo, no un medio, de regeneración) ni siquiera había sido instituido aún. Por tanto, la idea del bautismo es totalmente ajena a este pasaje.

Algunos comentaristas sugieren que «agua» es una referencia al líquido amniótico que señala el comienzo del nacimiento físico y, por tanto, creen que Jesús estaba describiendo dos nacimientos distintos en el versículo 5: el nacimiento físico («agua») y el nacimiento espiritual («el Espíritu»). Una mirada más cuidadosa, sin embargo, muestra que el versículo 5 simplemente reafirma al versículo 3 con otras palabras. Note el paralelismo: «el que no *naciere de nuevo*, no puede ver el reino de Dios» (v. 3); y «el que no *naciere de agua y del Espíritu*, no puede entrar en el reino de Dios» (v. 5). «Nacer de nuevo» es lo mismo que «nacer de agua y del Espíritu». El paralelismo es deliberado, y la frase «naciere de agua y del Espíritu» es simplemente la explicación de Jesús acerca del *segundo* nacimiento. A fin de entender la expresión «de agua y del Espíritu» tenemos que preguntar cómo la habría entendido Nicodemo.

Hay dos famosos pasajes en el Antiguo Testamento donde las palabras *agua* y *Espíritu* están juntas de una forma que da sentido a este pasaje. Uno es Isaías 44:3, que utiliza un paralelismo poético para igualar los dos términos, haciendo del agua un símbolo del Espíritu Santo: «Porque yo derramaré aguas sobre el sequedal, y ríos sobre la tierra árida; mi Espíritu derramaré sobre tu generación, y mi bendición sobre tus renuevos». El Espíritu Santo se describe frecuentemente en el Antiguo Testamento derramándose como agua (cp. Proverbios 1:23; Joel 2:28-29; Zacarías 12:10). Por tanto, para un maestro judío empapado del lenguaje del Antiguo Testamento, la idea de «nacer de agua y del Espíritu» evocaba un derramamiento del Espíritu de Dios, lo cual es precisamente lo que Jesús estaba diciendo.

Sin embargo, el texto clave del Antiguo Testamento sobre esto (el que estoy convencido que era al que Jesús hacía alusión, y el que casi con seguridad vino a la mente de Nicodemo), era un pasaje importante y familiar: Ezequiel 36:25-27. Ahí el Señor está afirmando la promesa de un nuevo pacto a Israel, y dice:

> Esparciré sobre vosotros agua limpia, y seréis limpiados de todas vuestras inmundicias; y de todos vuestros ídolos os limpiaré. Os daré corazón nuevo, y pondré espíritu nuevo dentro de vosotros; y quitaré de vuestra carne el corazón de piedra, y os daré un corazón de carne. Y pondré dentro de vosotros mi Espíritu, y haré que andéis en mis estatutos, y guardéis mis preceptos, y los pongáis por obra.

Este pasaje habla de regeneración, el despertar espiritual de un alma muerta. Y esa es la verdad en que Jesús insistía con Nicodemo. Estaba confrontando a ese fariseo principal con la verdad de que necesitaba un corazón totalmente nuevo: nueva *vida*; no solo un maquillaje cosmético ni otro ritual añadido a un sistema ya opresivo de disciplinas espirituales farisaicas, sino una renovación espiritual general tan vasta y dramática que solo puede describirse como un segundo nacimiento. Con Ezequiel 36 como contexto, la yuxtaposición que Jesús hace de *agua* y *Espíritu* tiene todo el sentido. Estaba señalándole intencionadamente a Nicodemo la familiar verdad de esa promesa clave acerca del nuevo pacto.

Para tomar prestada una expresión paralela del Nuevo Testamento, «agua» y «Espíritu» se entienden mejor como referencia a «el lavamiento de la regeneración y... la renovación en el Espíritu Santo» (Tito 3:5). Con toda probabilidad, Nicodemo, muy familiarizado con la profecía de Ezequiel, entendió exactamente lo que Jesús le estaba diciendo.

Otra frase difícil de Jesús

Jesús continuó enfatizando que el renacimiento espiritual es completamente una obra de Dios, no el resultado del esfuerzo humano: «Lo que es nacido de la carne, carne es; y lo que es nacido del Espíritu, espíritu es» (Juan 3:6). Simplemente estaba afirmando una verdad que, al reflexionar, debiera ser evidente por sí misma. La carne engendra carne. Los seres vivos se reproducen todos «según su género» (Génesis 1:24). Por la naturaleza de las cosas, por tanto, la *vida espiritual* no puede ser fruto del logro humano, un hecho que contradice toda forma de religión por obras, incluido el sistema fundamental de creencias de los fariseos.

Además de eso, añadió Jesús, debido a que el renacimiento espiritual es una obra del Espíritu, está por encima del control de las obras humanas o de la fuerza de voluntad humana: «El viento sopla de donde quiere, y oyes su sonido; mas ni sabes de dónde viene, ni a dónde va; así es todo aquel que es nacido del Espíritu» (v. 8). Los *efectos* del viento se pueden observar, pero sus fronteras no pueden discernirse por medio de los sentidos humanos, y el viento mismo no puede ser dirigido ni retenido por los esfuerzos o la ingenuidad humanos. El ministerio del Espíritu Santo opera de forma similar. Él es soberano y se mueve donde desea, no a capricho de ningún plan humano; sus obras no se contienen, ni se dispensan automáticamente, en ningún ritual religioso o protocolo ceremonial. De hecho, el Espíritu no es movido por lo que *nosotros* hacemos en absoluto, sino por su propia voluntad soberana.

Para un típico fariseo, lo que Jesús le estaba diciendo a Nicodemo probablemente habría resultado muy ofensivo. Jesús estaba atacando el núcleo mismo del sistema de creencias de Nicodemo, dando a entender claramente que Nicodemo estaba perdido, muerto espiritualmente y, en definitiva, nada mejor en su rígido fariseísmo que un gentil totalmente inmoral sin Dios. (En efecto, Jesús les dijo precisamente eso a los líderes religiosos con bastante frecuencia).

Esa fue una respuesta directa a las preguntas de Nicodemo («¿Cómo puede un hombre nacer siendo viejo? ¿Puede acaso entrar por segunda vez en el vientre de su madre, y nacer?»). Jesús le estaba diciendo a Nicodemo —en un lenguaje que este seguro entendió— que no solo no estaba hablando de una reforma propia superficial o carnal, sino que de hecho le instaba a algo que Nicodemo era impotente de hacer *por sí mismo*. Eso destruyó el corazón de las convicciones religiosas de Nicodemo. Para un fariseo como él, la peor noticia imaginable sería que no hubiera nada que pudiera hacer para ayudarse a sí mismo espiritualmente.

Jesús básicamente había igualado a ese distinguido fariseo con el tipo de pecador más depravado y licencioso; había descrito el caso de Nicodemo como totalmente sin esperanza. ¡Eso sí es hablar duro!

Sin embargo, ese es —después de todo— precisamente el punto de comienzo del mensaje del evangelio. Los pecadores están «muertos en ... delitos y pecados ... por naturaleza hijos de ira ... sin esperanza y sin Dios» (Efesios 2:1, 3, 12). Este es uno de los efectos universales del pecado de Adán sobre su descendencia (Romanos 5:12). Nacemos con tendencias pecaminosas y corazones caídos, y todos pecamos. «Por cuanto todos pecaron, y están destituidos de la gloria de Dios» (Romanos 3:23). «No hay justo, ni aun uno» (v. 10). «Todos nosotros nos descarriamos como ovejas» (Isaías 53:6).

Además, la Escritura afirma que somos incapaces de redimirnos a nosotros mismos, expiar nuestro propio pecado, reformar nuestro corazón y nuestra mente, y ganarnos algún tipo de mérito a los ojos de Dios. Romanos 8:7-8 dice: «Por cuanto los designios de la carne son enemistad contra Dios; porque no se sujetan a la ley de Dios, *ni tampoco pueden*; y los que viven según la carne *no pueden agradar a Dios*».

Seamos sinceros: la idea de que la totalidad de la raza humana esté caída y condenada es simplemente demasiado dura para el gusto de la mayoría de las personas. Preferirían creer que la mayoría de la gente es fundamentalmente buena. Pero la Escritura dice lo contrario. Estamos corrompidos sin remedio por el pecado. Todos los que no tienen a Cristo como Señor y Salvador están atados a la maldad, condenados por un Dios justo, por lo que se dirigen al infierno. Jesús no solo dio a entender fuertemente esas cosas en sus primeras palabras a Nicodemo; antes de haber terminado de explicar por completo el evangelio aquella noche, aclaró lo que quería decir: «El que no cree, ya ha sido condenado» (Juan 3:18).

El evangelio abreviado para Nicodemo

La respuesta de Nicodemo fue de profunda sorpresa. «¿Cómo puede hacerse esto?» (v. 9). No fue que no entendiera lo que Jesús estaba diciendo. Yo creo que él captó el mensaje con claridad; pero eso derrocó sus más profundas convicciones y lo dejó prácticamente sin palabras. Esa pregunta («¿Cómo puede hacerse esto?») es lo último que oímos de Nicodemo en la narrativa de Juan 3. No tenía ninguna cosa más que decir.

No es sorprendente. Jesús estaba a punto de lanzar su dardo más directo, personal y reprensivo a Nicodemo: «¿Eres tú maestro de Israel, y no sabes esto?» (v. 10). Todo lo que Jesús le había dicho a Nicodemo hasta ahí tenía una clara base en el Antiguo Testamento. Nicodemo era uno de los principales eruditos bíblicos en la nación. ¿Cómo podía no saber esas cosas? Eso suena a humillación. El fariseo promedio lo habría tomado de ese modo y le habría respondido a Jesús con insultos, acusaciones o comentarios despreciativos.

No Nicodemo. Que se quedó completamente en silencio por la reprimenda. De hecho, más o menos se queda en el segundo plano de la narrativa de Juan. No se le vuelve a mencionar hasta el capítulo 7, donde aparece en una reunión del sanedrín, dice unas palabras en defensa de Jesús y en seguida es silenciado (Juan 7:44-53).

A partir de Juan 3:11, Jesús le da a Nicodemo un discurso sobre el evangelio. Juan 3:16, por supuesto es famoso por su énfasis en el amor de Dios al dar a Cristo para que «todo el que cree en él no se pierda, sino que tenga vida eterna». Esa es la verdad central del mensaje del evangelio y la promesa que hace la buena nueva. Sin embargo *no* es buena noticia para quien permanece incrédulo.

Jesús consideró claramente a Nicodemo como incrédulo. «Tú no crees», dijo en el versículo 12, y Nicodemo no protestó contra esa afirmación. Parece claro que su conciencia afirmaba la verdad de la aseveración de Jesús. De manera que eso tocó al fariseo en una forma muy personal cuando Jesús dijo:

> El que en él cree, no es condenado; pero el que no cree, ya ha sido condenado, porque no ha creído en el nombre del unigénito Hijo de Dios. Y esta es la condenación: que la luz vino al mundo, y los hombres amaron más las tinieblas que la luz, porque sus obras eran malas. Porque todo aquel que hace lo malo, aborrece la luz y no viene a la luz, para que sus obras no sean reprendidas. Mas el que practica la verdad viene a la luz, para que sea manifiesto que sus obras son hechas en Dios.
>
> **(Juan 3:18-21)**

Por eso, la conversación de Jesús con Nicodemo terminó con una nota fuerte y aleccionadora sobre la severa condenación que descansa sobre todos los incrédulos e hipócritas.

El resto de la historia

Si este fuera el único lugar donde encontramos a Nicodemo en toda la Escritura, podríamos llegar a la conclusión de que se fue sin decir nada más y permaneció en incredulidad toda su vida.

Sin embargo, la Escritura nos da otros dos vistazos del hombre. Está claro que, a pesar de la severidad y la franqueza de Jesús con él, o quizá debido a eso, Nicodemo siguió interesado en Jesús a lo largo del ministerio terrenal del Señor. Y en algún punto *sí* creyó, pasando de la muerte a la vida. Cómo y cuándo sucedió eso no se nos aclara, pero cada una de las apariciones bíblicas de Nicodemo lo muestra cada vez más valiente para separarse a sí mismo del resto del sanedrín.

Juan 7 describe una reunión del sanedrín en la cual el resto de los fariseos vituperaban a Jesús y a quienes le seguían («Mas esta gente que no sabe la ley, maldita es», v. 49). Querían verlo arrestado y que lo llevasen ante ellos, por lo que está claro que su única meta era silenciarlo por cualquier medio que pudieran. Pero una voz discordante habla a favor de Jesús desde dentro del sanedrín, y es la de Nicodemo: «¿Juzga acaso nuestra ley a un hombre si primero no le oye, y sabe lo que ha hecho?» (v. 51).

Por eso, Nicodemo se ganó el menosprecio de sus compañeros fariseos, quienes respondieron: «¿Eres tú también galileo? Escudriña y ve que de Galilea nunca se ha levantado profeta»

(v. 52). Claramente, ellos no estaban dispuestos a dar ni siquiera un indicio de posibilidad de que Jesús pudiera venir de Dios, aunque sus milagros afirmaban con claridad su autoridad, aunque ellos no podían refutar ni una sola palabra de su enseñanza, y aunque no tenían ninguna acusación legítima con la cual acusarlo. Pero como Jesús mismo dijo: «Todo aquel que hace lo malo, aborrece la luz y no viene a la luz, para que sus obras no sean reprendidas» (Juan 3:20).

Hay muchas razones para concluir que Nicodemo, que originalmente llegó a Jesús bajo el manto de la oscuridad, finalmente fue atraído a la Luz verdadera y se convirtió en un creyente genuino. La última vez que encontramos a Nicodemo en la Escritura es en Juan 19:39, donde él y José de Arimatea prepararon rápidamente el cuerpo del Salvador para su entierro. Fue un acto que bien pudo costarle todo, en el mismo momento en que el resto del sanedrín había convertido la furia pública contra Jesús en un furor asesino. Él claramente se había convertido en un hombre distinto al que era cuando se acercó por primera vez a Jesús siendo un incrédulo fariseo.

A la larga, entonces, la aparente dureza de Jesús con Nicodemo quedó plenamente reivindicada. Ser claro y llanamente directo era justo lo que Nicodemo necesitaba. Ninguna otra persona en Israel se atrevería a hablarle de esa forma a un líder religioso de la estatura de Nicodemo. Pero Jesús le dijo lo más importante que él posiblemente pudiera oír, con una voz que resonaba autoridad.

Todos los fariseos y líderes religiosos de Israel necesitaban un aviso parecido, eso explica el tono del trato de Jesús hacia ellos a lo largo de los relatos de los evangelios. Recordemos que Nicodemo acudió a Jesús cerca del comienzo del ministerio público de nuestro Señor. Tristemente, sin embargo, aparte de esa única conversación con Nicodemo, *todas* las relaciones públicas de Jesús con los fariseos terminaron mal, con ellos ofendidos o enojados. Desde ese punto en adelante, todo fariseo y figura religiosa con los que Jesús trataría responde con hostilidad, agravio, indignación y —al final— con el acto definitivo de violencia.

¿Podría haber obtenido Jesús una respuesta más positiva por parte de los fariseos si les hubiera mostrado el tipo de deferencia que ellos demandaban? ¿Y si hubiera buscado un terreno común con ellos y se hubiera enfocado solamente en lo que él podía afirmar del sistema de creencias de ellos? Después de todo, había mucho que afirmar; los fariseos no flirteaban con el flagrante paganismo como los adoradores de Baal en época de Elías. ¿Y si Jesús hubiera subrayado los puntos en que ellos tenían *razón* en lugar de atacar constantemente lo que era *incorrecto* en su enseñanza? ¿Es posible que el sanedrín hubiera sido más receptivo a Jesús si él no los hubiera utilizado constantemente como el paradigma de todo lo que era incorrecto en la espiritualidad de Israel?

La verdad, sin embargo, no vence al error realizando una campaña de relaciones públicas. La lucha entre la verdad y el error es una *guerra espiritual*, y la verdad no tiene forma de vencer a la falsedad si no es sacando a la luz y refutando mentiras y falsas enseñanzas. Eso demanda franqueza y claridad, valentía y precisión; y a veces más severidad que simpatía.

El hecho de que Nicodemo fuese el único fariseo que escuchó a Cristo sin quedar tan ofendido que se volviera completamente contra él no es una acusación a la forma en que Jesús trató a los principales líderes religiosos de Israel. Más bien es un indicador de lo verdaderamente malvado que era todo el sistema de ellos. De aquí en adelante, eso se convierte en uno de los temas centrales de los relatos de los cuatro evangelios.

Dios no escoge cobardes sin agallas para que lleven la gloria de él en sus rostros. Tenemos muchos hombres hechos de azúcar, actualmente, que se funden en la corriente de la opinión pública; pero esos nunca ascenderán al monte del Señor, ni morarán en su lugar santo, ni llevarán las señales de su gloria.

—**Charles H. Spurgeon**

Cuatro

ESTE HOMBRE HABLA BLASFEMIAS

Aconteció un día, que él estaba enseñando, y estaban
sentados los fariseos y doctores de la ley, los cuales
habían venido de todas las aldeas de Galilea, de Judea y
Jerusalén.

LUCAS 5:17

Gran parte del comienzo del ministerio de nuestro Señor se desarrolló en Galilea, donde (al principio) estaba fuera del constante escrutinio del sanedrín con base en Jerusalén. Los evangelios son parcos en los detalles que registran sobre aquellos meses. Sabemos que es cuando Jesús reunió a la mayoría de sus discípulos más cercanos (Mateo 4:18-22; Marcos 1:16-20). Tres de los evangelios registran que él echó fuera demonios, hizo incontables milagros y ministró constantemente a grandes multitudes durante ese primer año (Mateo 4:23-24; Marcos 1:39-45; Lucas 5:15). Más allá de eso, el relato bíblico proporciona solo unos cuantos detalles.

Sin embargo, a medida que Jesús obtuvo fama y seguidores, los líderes religiosos en algún punto al principio parecen haber tomado medidas para mantenerlo bajo vigilancia dondequiera que iba. De repente, cada vez que aparecía en público, aun en los rincones más remotos de Galilea, siempre parecía que había fariseos presentes. Sus conflictos con escribas y fariseos pronto comenzaron a aumentar firmemente tanto en frecuencia como en intensidad.

Un punto clave a observar es que, hasta ahí, los escribas y fariseos no habían hecho nada manifiesto para provocar ningún conflicto con Jesús. *Él* incitó ese primer choque con ellos en Jerusalén al expulsar a los cambistas del templo sin una sola palabra de advertencia o anuncio previo. La única relación personal que se registra entre Jesús y un individuo fariseo hasta este punto fue el diálogo con Nicodemo, quien acudió amigablemente; y Jesús lo reprendió. Durante muchos meses continuó este patrón. Cada enfrentamiento franco que Jesús tuvo con los fariseos fue instigado por él, incluido el primer conflicto importante galileo entre Jesús y los líderes judíos, caso en el que él públicamente avergonzó a algunos fariseos basándose en su conocimiento de lo que ellos estaban *pensando*. Mateo, Marcos y Lucas describen el incidente, pero el relato de Lucas es el más completo.

Lucas tiene mucho que decir sobre los fariseos y su oposición a Cristo, pero el capítulo cinco de su evangelio es el que los presenta por primera vez. El escenario es un tiempo después de que Jesús regresó a Galilea tras aquella primera Pascua en Jerusalén. No podemos decir con precisión cuánto tiempo pasó, pero una cuidadosa armonía de los evangelios sugiere que había pasado casi un año y medio desde aquella primera limpieza del templo antes de que Jesús se encontrara con fariseos abiertamente hostiles en Galilea.

El paso de Jesús a Capernaum

Jesús se había quedado en Jerusalén durante un período no especificado enseñando, sanando y reuniendo discípulos después de la fiesta de la Pascua. En algún punto, en ese intervalo después de la Pascua, se produjo la reunión con Nicodemo.

Después regresó a Galilea vía Samaria (Juan 4:3-4), por una ruta que ningún fariseo habría tomado. Los samaritanos eran considerados impuros, por lo que los fariseos pensaban que el simple hecho de atravesar su tierra era espiritualmente corrupto. Ese era, desde luego, solo uno de los tabúes farisaicos que Jesús rompería. Sin embargo, mientras viajaba por Samaria, tuvo su famoso encuentro con la mujer en el pozo de Sicar. Ese relato ocupa todo el capítulo 4 de Juan. Cristo condujo a la mujer a la salvación y ella después llevó a muchos de Sicar a Cristo. Muchos de los aldeanos llegaron a la fe salvadora (Juan 4:39-42).

Después de dos días de ministerio en Sicar, Jesús finalmente regresó a Galilea (v. 43), a la región donde creció. Nazaret era una pequeña ciudad rural, así que resulta probable que fuera muy conocido prácticamente para todos en la sinagoga local, habiendo crecido en medio de ellos y asistido a esa misma sinagoga cada semana de su joven vida. Lucas expresamente dice que era costumbre de él ir allí el día de reposo (4:16). Al regresar ahora como rabí que estaba obteniendo renombre y acumulando ya muchos seguidores de toda Galilea, no hay duda de que despertaba la curiosidad de ellos solamente por su presencia.

Sin embargo, aquel primer día de reposo de regreso en su ciudad natal, él les dijo:

Sin duda me diréis este refrán: Médico, cúrate a ti mismo; de tantas cosas que hemos oído que se han hecho en Capernaum, haz también aquí en tu tierra. Y añadió: De cierto os digo, que ningún profeta es acepto en su propia tierra. Y en verdad os digo que muchas viudas había en Israel en los días de Elías, cuando el cielo fue cerrado por tres años y seis meses, y hubo una gran hambre en toda la tierra; pero a ninguna de ellas fue enviado Elías, sino a una mujer viuda en Sarepta de Sidón. Y muchos leprosos había en Israel en tiempo del profeta Eliseo; pero ninguno de ellos fue limpiado, sino Naamán el sirio.

(Lucas 4:23-27)

Notemos que él se retrató a sí mismo como un profeta comparable a Elías: un mensajero de Dios ni siquiera aceptado por su propio pueblo. Él puso al pueblo en el papel de incrédulos: como los desobedientes israelitas en tiempos de Elías que habían inclinado su rodilla ante Baal. Él habló de la soberanía de Dios al ignorar a todo Israel para ministrar a una sola marginada gentil, y dio a entender con fuerza que ellos estaban en el mismo barco que los réprobos israelitas que fueron pasados por alto durante el ministerio de Elías.

El punto que él estaba estableciendo no desapareció en el pueblo de Nazaret. Los puso en la misma categoría que a los apóstatas adoradores de Baal.

El ánimo en Nazaret cambió al instante: «Al oír estas cosas, todos en la sinagoga se llenaron de ira» (Lucas 4:28). Lo expulsaron de la sinagoga, hasta las afueras de la ciudad, y hasta el borde mismo de un precipicio por el que querían empujarlo. Ese fue el primer intento importante y registrado de quitarle la vida, ¡y provino precisamente de la comunidad donde él se había criado!

No obstante, justamente antes de llegar al borde del precipicio rocoso, Jesús milagrosamente eludió a la turba. Simplemente, «pasó por en medio de ellos, y se fue» (v. 30). Ellos estaban evidentemente desconcertados, temporalmente cegados o sobrenaturalmente en un estado de confusión, por lo que Jesús se alejó sin lucha alguna y sin nadie que lo persiguiera.

Es más, se fue de Nazaret por completo. En el siguiente versículo, Lucas dice: «Descendió Jesús a Capernaum, ciudad de Galilea; y les enseñaba en los días de reposo» (v. 31). En otras palabras, estableció su base en Capernaum, en la costa norte del mar de Galilea, a unos cuarenta y ocho kilómetros de Nazaret. Mateo 4:13 dice: «Y dejando a Nazaret, vino y *habitó* en Capernaum». Después de esto, cuando leemos una referencia a «su ciudad» (Mateo 9:1), se refiere a Capernaum. Marcos 2:1 dice que cuando Jesús estaba en Capernaum, estaba «en casa».

La mayoría de los discípulos más cercanos de Jesús también llamaban casa a Capernaum. Fue allí donde Zebedeo, padre de Santiago y Juan, tuvo su primer negocio de pesca. Fue donde Pedro y Andrés fueron llamados. Era, en todo caso, una aldea aun más insignificante y oscura que Nazaret, pero estaba perfectamente situada para aquel que se deleita en usar «lo necio del mundo … para avergonzar a los sabios; y lo débil del mundo … para avergonzar a lo fuerte; y lo vil del mundo y lo menospreciado … a fin de que nadie se jacte en su presencia» (1 Corintios 1:27-29).

Pronto, multitudes de personas acudían a Capernaum para ver y oír a Jesús. Las multitudes eran tan grandes y tan aplastantes en las costas de Galilea que la única forma en que Jesús podía predicarles, sin ser totalmente rodeado y tragado por un mar de humanidad, era sentado en una barca dando su enseñanza alejado de la costa. Él limpiaba leprosos, sanaba todo tipo de enfermedades y enseñaba a las multitudes cada vez mayores. Como nunca hubo una enfermedad que no pudiera curar ni una persona poseída a la que no pudiera liberar, las multitudes seguían creciendo y buscaban a Jesús más agresivamente que nunca. «Mas él se apartaba a lugares desiertos, y oraba» (Lucas 5:16).

Lo que Lucas describe es una campaña incansable e incesante de enseñanza y ministerio público todos los días. Como es natural, las noticias sobre el ministerio galileo de Jesús llegaron hasta Jerusalén, por lo que captaron la atención del sanedrín.

Entran los fariseos

Cuando Lucas menciona por primera vez a los «fariseos y maestros de la ley», ellos están observando a Jesús desde las barreras. Han llegado a Capernaum no como parte de la multitud normal que busca beneficiarse del ministerio de Jesús, sino como observadores críticos, buscando razones para condenarlo y, si fuera posible, interrumpirlo antes de que se hiciera más popular. Está claro que ellos habían hecho esos planes con antelación, porque «aconteció un día, que él estaba enseñando, y estaban sentados los fariseos y doctores de la ley, los cuales habían venido de todas las aldeas de Galilea, y de Judea y Jerusalén» (Lucas 5:17).

Jesús estaba en Capernaum, en una casa. Marcos parece sugerir que era la casa donde el propio Jesús vivía (Marcos 2:1). Como era usual, la presión de las multitudes era agobiante, y Jesús estaba predicando desde dentro de la casa a tantas personas como pudieran reunirse a su alrededor y al alcance del oído. Marcos describe la escena así: «E inmediatamente se juntaron muchos, de manera que ya no cabían ni aun a la puerta; y les predicaba la palabra» (v. 2). Lucas añade: «y el poder del Señor estaba con él para sanar» (Lucas 5:17).

Aquí hay un patrón que observaremos en casi todas las confrontaciones entre Jesús y los fariseos: de un modo u otro, la deidad de él está siempre en el núcleo del conflicto. Es como si él deliberadamente los provocase con afirmaciones, frases o actos a los que sabe que ellos pondrán objeciones, y entonces usa el conflicto resultante para demostrar que toda la autoridad que afirmaba tener ciertamente le pertenece.

En esa ocasión, el asunto en juego era el perdón de pecados. Recordemos que Jesús había estado realizando sanidades públicas durante varias semanas por toda Galilea. No había duda alguna sobre su capacidad para sanar cualquier enfermedad o liberar a los oprimidos espiritualmente de cualquier tipo de atadura demoníaca. Demonios y enfermedades por igual huían ante su palabra, a veces hasta ante su presencia. «Y dondequiera que entraba, en aldeas, ciudades o campos, ponían en las calles a los que estaban enfermos, y le rogaban que les dejase tocar siquiera el borde de su manto; y todos los que le tocaban quedaban sanos» (Marcos 6:56). En las propias palabras de Jesús, eso era la prueba de todas sus afirmaciones y la confirmación de toda su enseñanza: «los ciegos ven, los cojos andan, los leprosos son limpiados, los sordos oyen, los muertos son resucitados, y a los pobres es anunciado el evangelio» (Lucas 7:22).

En ese día en particular, sin embargo, se le presentó a Jesús un caso difícil: una trágica e incurable aflicción tan debilitante que el hombre enfermo tuvo que ser llevado en una camilla por otros cuatro hombres. La multitud estaba tan aglutinada y tan cerca de Jesús para poder oír, que habría sido casi imposible que un hombre sano pudiera abrirse paso y acercarse a Jesús, mucho menos cuatro hombres llevando a un parapléjico en una camilla.

Bien puede ser que el perdón fuera precisamente el tema del que él enseñaba. El asunto estaba, sin duda, en el aire. Inmediatamente antes de eso, después de enseñar desde la barca de Pedro, Jesús le había dicho a este que se lanzara a lo profundo y echara sus redes (Lucas 5:4). Para cualquier pescador, esa estrategia parecería una necedad. Los peces se capturaban mejor por la noche, en aguas no profundas, mientras comían. Pedro había estado toda la noche pescando y no había obtenido nada. Durante las horas del día, los peces migraban a aguas mucho más profundas y frías, donde normalmente sería imposible llegar hasta ellos con redes. Pedro dijo: «En tu palabra echaré la red» (v. 5). Como el montón de peces era tan grande que las redes comenzaron a romperse, Pedro inmediatamente entendió que estaba en la presencia del poder divino; y lo primero de lo que se dio cuenta fue del peso de su propia culpabilidad: «Viendo esto Simón Pedro, cayó de rodillas ante Jesús, diciendo: Apártate de mí, Señor, porque soy hombre pecador» (v. 8).

El perdón era también uno de los temas favoritos de Jesús sobre el que predicar. Fue uno de los temas clave en su Sermón del Monte. Fue uno de los enfoques del Padrenuestro y el tema que desarrolló al final de esa oración (Mateo 6:14-15). Es el tema central que domina todo el capítulo 5 de Lucas. Si el perdón no era precisamente el tema del que Jesús estaba predicando, a pesar de eso estaba a punto de convertirse en el argumento del día.

Ahora imaginemos a los fariseos, sentados en algún lugar en la periferia, observando y escuchando para conseguir cosas que criticar, cuando esos cuatro hombres que llevaban la camilla llegaron a la escena.

¿Quién puede perdonar pecados sino Dios?

Si ellos querían ver a Jesús en acción, aquellos fariseos sin duda llegaron el día correcto. Allí estaba un hombre desesperadamente paralizado a quien otros cuatro hombres trasladaron desde cierta distancia, cuyo viaje desde otra aldea no podría haber sido fácil. Y cuando llegaron, debieron haber visto al instante que no tenían esperanza alguna de acercarse a Jesús mediante ningún método convencional. Aun si esperaban hasta que Jesús se fuera de la casa, la multitud era enormemente densa y estaba demasiado emocionada como para hacer espacio y que cinco hombres entraran con el fin de llegar hasta el centro de la vasta muchedumbre que rodeaba a Jesús dondequiera que iba.

El hecho de que el hombre fuese llevado en una camilla en lugar de sentado en algún tipo de carro sugiere que probablemente fuese cuadripléjico, que tuviera todos sus miembros totalmente paralizados, quizá como resultado de alguna lesión en su cuello. Él era un clásico caso de estudio acerca de la condición caída del ser humano. Era incapaz de moverse; se apoyaba totalmente en la misericordia y la bondad de otras personas, completamente impotente para hacer cosa alguna por sí mismo.

Es más, sus músculos deben haber estado atrofiados y arrugados por la falta de uso. Si Jesús podía sanarle, sería obvio al instante para todos que un verdadero milagro acababa de ocurrir.

La pura desesperación del hombre y de sus cuatro amigos puede medirse por lo que hicieron cuando se dieron cuenta de que no serían capaces de acercarse a Jesús. Subieron al tejado. Para que cuatro hombres ascendieran con una camilla, debió haber una escalera exterior que condujese a una terraza o pasaje. Aun con eso, sería un ascenso difícil. Pero aquella era, evidentemente, una casa grande, con un típico patio en la parte superior de estilo mediterráneo contiguo a una parte del tejado. Eso les proporcionó a los cuatro hombres exactamente la oportunidad que necesitaban. Así que llevaron al hombre al piso superior y comenzaron a quitar las tejas de esa parte del tejado.

¡Qué entrada tan dramática fue esa! Sin duda, la multitud se sorprendió cuando el tejado comenzó a abrirse. El agujero en el tejado tenía que ser lo bastante grande para el hombre y la camilla, lo cual probablemente significara que tuvieron que quitar con cuidado no solo las tejas exteriores, sino también parte del enrejado inferior que sostenía las tejas. Un tejado no era una cubierta barata o temporal y, sencillamente, no hay modo de abrir un agujero en un tejado como ese sin que les caigan los escombros y el polvo a las personas que están debajo. Normalmente esperaríamos que tanto la multitud como el dueño se molestaran por el acto de aquellos hombres.

Sin embargo, a ojos de Jesús, eso era una clara evidencia de una gran fe. Los tres evangelios sinópticos registran ese incidente y los tres dicen que Jesús *vio* «la fe de ellos» (Lucas 5:20; Mateo 9:2; Marcos 2:5). Él vio la fe reflejada en su persistencia y su determinación, desde luego. Después de todo el trabajo que habían hecho para hacer descender a su amigo a los pies de Jesús, era obvio para todos lo que ellos estaban esperando: habían llevado al hombre para que recibiera sanidad física. Cualquiera que pensara en ello, podría ver que se requería cierto grado de fe en la capacidad sanadora de Jesús para hacer todo ese trabajo.

No obstante, el texto sugiere que Jesús vio algo aun más profundo. Debido a que él es Dios encarnado, también podía ver los corazones, percibir sus motivos y hasta conocer sus pensamientos; al igual que había visto el corazón de Nicodemo.

Lo que él vio cuando aquellos hombres bajaron a su amigo desde el techo fue una fe verdadera: fe de arrepentimiento. Ninguno de los relatos de los evangelios sugiere que el hombre paralítico ni sus amigos dijeran palabra alguna. No hubo testimonio verbal del hombre acerca de su arrepentimiento. No hubo declaración de contrición. No hubo confesión de pecado. No hubo afirmación de fe en Dios. No hubo clamor verbal pidiendo misericordia. No necesitaba haberlo; Jesús podía ver el corazón y la mente del hombre. Él sabía que el Espíritu Santo había hecho una obra en el corazón del hombre paralítico. El hombre había llegado a Jesús con un espíritu quebrantado y contrito; quería estar en paz con Dios. Ni siquiera necesitó decir eso; Jesús lo sabía porque, como Dios, él conoce todos los corazones.

Ahí había una oportunidad para que Jesús mostrase su deidad. Todos podían ver la *aflicción* del hombre; pero solo Jesús podía ver su *fe*. Sin ningún comentario ni del paralítico que estaba a los pies de Jesús ni de los cuatro hombres que miraban por el agujero en el tejado, Jesús se volteó hacia el paralítico y le dijo: «Hombre, tus pecados te son perdonados» (v. 20).

Él lo perdonó gratuitamente; lo justificó plenamente. Con esas palabras, los pecados del hombre fueron borrados de su cuenta, eliminados de los libros divinos. Jesús, sobre su propia autoridad personal, absolvió a aquel hombre al instante y para siempre de toda la culpabilidad por sus pecados.

Con esa afirmación, Jesús les dio a los escribas y a los fariseos exactamente lo que ellos estaban esperando: una oportunidad para acusarlo. Y no nos equivoquemos: las palabras de Jesús al paralítico serían profundamente desconcertantes para la religión de los fariseos se mire como se mire. En primer lugar, si él no era Dios encarnado, sin duda sería el colmo mismo de la blasfemia que pretendiese tener autoridad para perdonar pecados. En segundo lugar, la religión de los fariseos estaba fuertemente orientada hacia las obras; por tanto, según el punto de vista de ellos, el perdón había que *ganárselo*. Era impensable para ellos que el perdón pudiera otorgarse inmediata e incondicionalmente solo por la fe.

Según Mateo, algunos de los escribas que estaban allí reaccionaron en seguida (Mateo 9:3). Pero, curiosamente, en esa ocasión no se levantaron ni gritaron una protesta verbal. Seguía siendo bastante temprano en el ministerio de Jesús, y ellos constituían una minoría lo bastante pequeña junto a esa multitud en la propia comunidad de Jesús, así que su reacción inicial parece sorprendentemente suave. Si su sorpresa se mostró de algún modo, fue solamente en sus caras. Lucas dice que ellos «comenzaron a cavilar, diciendo: ¿Quién es este que habla blasfemias? ¿Quién puede perdonar pecados sino solo Dios?» (5:21).

Mateo deja claro que ellos dijeron estas cosas «dentro de sí» (9:3). Marcos dice igualmente: «Estaban allí sentados algunos de los escribas, los cuales cavilaban en sus corazones: ¿Por qué habla este así? Blasfemias dice. ¿Quién puede perdonar pecados, sino solo Dios?» (Marcos 2:6-7). En sus pensamientos, colectivamente, todos ellos pensaban lo mismo. *Esto es una blasfemia de la peor clase. ¿Quién sino Dios puede legítimamente perdonar pecados?*

La pregunta era meramente retórica; ellos no se preguntaban realmente cuál podría ser la respuesta. Sabían muy bien que nadie puede perdonar pecados excepto Dios. Su doctrina en ese punto era lo bastante sana. Podemos perdonar errores hechos contra nosotros en particular, en cuanto a lo que respecta a nuestras afirmaciones de justicia, pero no tenemos la autoridad de absolver a nadie de culpa delante del trono de Dios. Ningún hombre puede hacer eso. Ningún sacerdote puede hacer eso. Nadie puede hacer eso sino solamente Dios. Cualquiera que usurpe esa prerrogativa es o bien Dios o bien un blasfemo. De hecho, para alguien que no sea Dios eso sería sin duda, el acto supremo de idolatría blasfema: ponerse a sí mismo en el lugar de Dios.

¿Quién es este?

Jesús se había puesto deliberadamente a sí mismo en el centro de un escenario que obligaría a todos los observadores a dar un veredicto sobre él. Eso es cierto no solo en cuanto a las personas que fueron testigos presenciales en Capernaum aquel día, sino también para quienes simplemente lean este relato en la Escritura. Y la elección es clara. Solo hay dos posibles conclusiones a las que podemos llegar con respecto a Cristo: que él es Dios encarnado o es un blasfemo y un fraude. No hay terreno neutral, y esa es precisamente la situación a la cual Jesús apuntaba.

Hay muchas personas en la actualidad que quieren tratar con condescendencia a Jesús diciendo que era una buena persona, un destacado líder religioso, un importante profeta, un profundo ético, un modelo de integridad, bondad y decencia —un *gran* hombre, pero solo un simple hombre—, no Dios encarnado. Sin embargo, ese episodio en su ministerio público es suficiente para borrar esa opción de la lista de posibilidades. Él, o es Dios o es el blasfemo supremo. Él borró a propósito cualquier alternativa media posible.

Jesús no riñó con los fariseos por pensar que solo Dios puede perdonar el pecado. Ellos no estaban equivocados en eso. Ni tampoco descartó la preocupación de ellos como un mal entendimiento de cuál era su intención. Al contrario, los reprendió por «pensar mal» acerca de él (Mateo 9:4). Ellos estaban equivocados al suponer lo peor sobre él cuando, de hecho, ya les había mostrado con frecuencia el poder de Dios de modo convincente y públicamente al sanar enfermedades que nadie sino Dios podía sanar y al expulsar demonios sobre los cuales solamente Dios tiene poder. En lugar de pensar: *Ningún mero hombre puede perdonar pecados. Él acaba de blasfemar*, debieran haberse preguntado: ¿Puede ser posible que este no sea un mero hombre?

Los tres evangelios sinópticos subrayan que Jesús leía los pensamientos de ellos (Mateo 9:4; Marcos 2:8; Lucas 5:22). Al igual que conocía el corazón del paralítico y entendió que el primer interés del hombre era la salvación de su alma, también conocía los corazones de los fariseos y entendía que su único motivo era encontrar una manera de acusarlo. El hecho de que supiera lo que pensaban debiera haber sido otro indicio para ellos de que Jesucristo no era un mero hombre.

Sin embargo, ya estaban pensando bastante más allá de eso. En cuanto a ellos, ese era un caso de blasfemia pura y simple, y parece que ni se les ocurrió ninguna otra opción. Además, si ellos podían hacer firme *esa* acusación, podían llamar a que lo apedreasen. La blasfemia manifiesta era un delito capital. Levítico 24:16 era enfático al respecto: «Y el que blasfemare el nombre de Jehová, ha de ser muerto; toda la congregación lo apedreará; así el extranjero como el natural, si blasfemare el Nombre, que muera».

¿Qué es más fácil?

Antes de que los escribas y los fariseos pudieran siquiera decir lo que estaban pensando, el mismo Señor sacó a la luz el asunto. «Jesús entonces, conociendo los pensamientos de ellos, respondiendo les dijo: ¿Qué caviláis en vuestros corazones? ¿Qué es más fácil, decir: Tus pecados te son perdonados, o decir: Levántate y anda?» (Lucas 5:22-23).

Ellos estaban pensando: *Este hombre está blasfemando porque afirma hacer lo que solamente Dios puede hacer.* Note que Jesús ni siquiera insinuó que ellos pudieran haber malentendido sus intenciones. Él no dio media vuelta vacilante ni trató de calificar su propia afirmación, tampoco desafió la creencia de ellos de que solo Dios puede perdonar pecados. De hecho, tenían toda la razón con respecto a eso.

Desde luego, solo Dios puede leer infaliblemente los corazones de los seres humanos. En Ezequiel 11:5, Dios mismo dice:

«Las cosas que suben a vuestro espíritu, yo las he entendido». Y vuelve a hablar en Jeremías 17:10: «Yo Jehová, que escudriño la mente, que pruebo el corazón». Ningún ser humano tiene la capacidad de ver la mente de otro a la perfección. «Porque Jehová no mira lo que mira el hombre; pues el hombre mira lo que está delante de sus ojos, pero Jehová mira el corazón» (1 Samuel 16:7). Jesús acababa de mostrar conocimiento de la mente del paralítico y de los propios pensamientos secretos de ellos acerca de él. ¿No debería haberles hecho eso detenerse y reflexionar sobre quién era esa persona con quien estaban tratando?

Eso es precisamente lo que Jesús les estaba desafiando a considerar. Les propuso una prueba sencilla: «¿Qué es más fácil, decir: Tus pecados te son perdonados, o decir: Levántate y anda?» (Lucas 5:23). Aunque sin duda es verdad que solo Dios puede perdonar pecados, es igualmente cierto que solo Dios puede hacer el tipo de milagro regenerativo necesario para restaurar los músculos atrofiados y los huesos quebradizos de un cuadripléjico, y curarlos en un solo segundo, a fin de que pudiera literalmente levantarse y caminar. La pregunta no era si Jesús podía *mejorar* a ese hombre, sino si podía sanarlo completamente al instante.

Aun con los mejores métodos de la medicina moderna, si resulta que alguien recupera la capacidad de moverse tras sufrir una lesión catastrófica del tipo que causa parálisis grave, normalmente son necesarios meses de terapia para que la mente vuelva a descubrir cómo enviar señales precisas mediante el nervio dañado a los miembros discapacitados. Independientemente de cuánto habría estado paralizado ese hombre, podríamos esperar al menos que necesitase algún tiempo para aprender a caminar de nuevo. Pero las sanidades de Jesús siempre evadían esa terapia. Las personas ciegas de nacimiento recibían no solo la vista, sino también la capacidad instantánea de dar sentido a lo que veían (Juan 9:1-38; Marcos 8:24-25). Cuando Jesús sanaba a una persona sorda, inmediatamente también sanaba el impedimento del habla, sin requerir terapia alguna (Marcos 7:32-35). Siempre que sanaba a personas cojas, les daba no solo tejido muscular regenerado, sino también la fuerza y la destreza para agarrar sus lechos y andar (Mateo 9:6-7; Marcos 2:12). Hasta un hombre enfermo y acostado durante treinta y ocho años pudo inmediatamente tomar su lecho e irse caminando (Juan 5:6-9).

Eso era justamente lo que ese hombre necesitaba: un acto de poder divino y creativo como solamente Dios puede hacerlo.

Note con atención la forma en que Jesús expresó su pregunta: «¿Qué es más fácil *decir*?». Él estaba interviniendo en el proceso de pensamiento de ellos. Pero ellos estaban indignados porque le había otorgado perdón a ese hombre. Ellos nunca habían desafiado su derecho a sanar. Obviamente, tanto perdón como sanidad es imposible que algún simple hombre los conceda. Ningún mero hombre tiene tampoco el poder de sanar a voluntad o de absolver el pecado a voluntad. Sanar a un paralítico es la metáfora perfecta para perdonar cualquier pecado. Es humanamente imposible. Pero Jesús podía hacer una de las dos o ambas cosas con igual autoridad.

Aun así, ¿qué es más fácil *decir*? Obviamente, es más fácil decirle a alguien que sus pecados son perdonados, porque nadie puede ver si realmente eso sucedió.

El hecho de que Jesús conociera sus corazones tan perfectamente y, aun así, se negase a evitar el conflicto público que ellos buscaban es significativo. Él sabía muy bien que los fariseos se ofenderían si declaraba perdonados los pecados de ese hombre y, sin embargo, no evitó hacerlo. De hecho, lo hizo tan públicamente como le fue posible. Sin duda, *podría* haber sanado su enfermedad sin provocar esa clase de conflicto abierto con los fariseos. También podría haber tratado en privado el asunto de la culpabilidad del hombre, en lugar de hacer tal afirmación donde todos pudieron oírla. Jesús seguramente era consciente de que muchas personas en una multitud de ese tamaño no podrían entender lo que él estaba haciendo ni por qué lo hizo. Al menos, podría haberse tomado el tiempo para hacer una pausa y explicar por qué tenía derecho a ejercer esa autoridad divina. Cualquiera de esas cosas al menos habría evitado la percepción de que estaba exacerbando deliberadamente a los fariseos.

No es posible que el roce entre Jesús y la élite religiosa de Israel pudiera ser edificante para los normales y corrientes pescadores y amas de casa de Capernaum, ¿no es cierto? Una persona sabia haría todo lo posible por evitar ofender a esos fariseos, ¿no le parece? ¿Qué posible bien podría provenir de convertir la liberación de ese hombre en un teatro de controversia pública?

Sin embargo, Jesús no tenía tales escrúpulos. El punto que estaba estableciendo era muchísimo más importante que el modo en que los fariseos o el pueblo de Capernaum se sintieran al respecto de eso. Por tanto, «para que sepáis que el Hijo del Hombre tiene potestad en la tierra para perdonar pecados (dijo al paralítico): A ti te digo: Levántate, toma tu lecho, y vete a tu casa» (Lucas 5:24).

Ahora bien, no es nada fácil decirle a alguien: «Levántate, toma tu lecho, y vete a tu casa». Porque si uno dice eso y la persona no lo hace en seguida, acaba de revelar que no tiene autoridad para hacer lo que está afirmando. Pero si Jesús pudo sanar a ese hombre, con ello demostró del modo más gráfico posible que tiene autoridad para hacer lo que solamente Dios puede hacer.

Los críticos silenciados

El relato de Lucas es notable por su clara simplicidad. El estilo de redacción refleja lo asombroso de lo repentino del milagro. Todo desde ese punto en adelante en la narrativa sucede con tanta rapidez que Lucas lo cubre completo en dos breves versículos. Acerca del paralítico, Lucas dice: «*Al instante*, levantándose en presencia de ellos, y tomando el lecho en que estaba acostado, se fue a su casa, glorificando a Dios» (5:25).

Sucedieron muchas cosas en ese único instante. Los huesos del hombre, frágiles por la falta de uso, se endurecieron perfectamente; sus músculos recuperaron al momento la plena fuerza y funcionalidad; sus articulaciones y tendones se volvieron firmes y móviles. Todos los elementos de su fisiología que estaban atrofiados fueron regenerados. Su sistema nervioso volvió a encenderse y de inmediato se volvió plenamente funcional. Neuronas que hacía mucho tiempo habían dejado de sentir volvieron a la vida instantáneamente. En un momento él no sentía nada en aquellas extremidades inútiles; al siguiente, sentía toda la fuerza y la energía que llega con una salud perfecta. Brazos que un minuto antes habían necesitado ser llevados por cuatro hombres y una camilla, de repente eran capaces de transportar a casa esa camilla.

La partida del hombre parece horriblemente abrupta. Pero el mandato de Jesús consistió en tres sencillos imperativos: «Levántate, toma tu lecho, y vete a tu casa» (v. 24). Y

eso es precisamente lo que el hombre hizo. Si se detuvo para
dar gracias a Jesús, no lo hizo por mucho tiempo. Sabemos
con seguridad que él estaba profundamente agradecido, pero
también estaba comprensiblemente deseando llegar a su casa y
mostrarles a sus seres queridos lo que Dios había hecho por él.

Lucas no dice a qué distancia estaba su casa, pero debió
de haber sido una buena caminata. Y aquí es donde vemos su
profunda gratitud: durante todo el camino él se fue «glorificando a Dios» (v. 25).

La Biblia a veces les resta importancia a las cosas obvias:
«glorificando a Dios». Eso es lo que los ángeles hicieron en el
cielo cuando anunciaron el nacimiento del Mesías (Lucas 2:13-
14). Es fácil imaginar a ese hombre corriendo, saltando, aplau-
diendo y danzando durante todo el camino hasta su casa. Si sus
cuatros amigos fueron con él, probablemente los sobrepasó a
todos. Ellos debieron estar un poco fatigados por transportarlo
hasta Capernaum; él acababa de renacer, tenía un vigor nuevo,
y fue liberado de toda carga que había soportado excepto aquella camilla ahora inútil.

«Glorificando a Dios» también habría implicado bastante
ruido: risas, gritos y cantar aleluyas. Me imagino que apenas
podría esperar a llegar a la puerta de su casa, abrirla con un gri-
to de alegría, entrar con sus nuevos brazos totalmente abiertos
y celebrar su nueva sanidad con su esposa, sus hijos, o cualquier
familiar que estuviera en su casa.

Sin embargo, la *mejor* parte no fue que pudiera irse saltando a su casa; la mejor parte fue que salió limpio de su pecado.
No sé qué era lo que se había atrevido a esperar cuando él y
los cuatro antiguos portadores partieron aquella mañana, pero
estoy bastante seguro de que no esperaba todo lo que obtuvo.

Todos sus pecados fueron perdonados y había sido creado de nuevo. No es sorprendente que glorificara a Dios.

El milagro tuvo un efecto correspondiente en el pueblo de Capernaum. «Y todos, sobrecogidos de asombro, glorificaban a Dios; y llenos de temor, decían: Hoy hemos visto maravillas» (v. 26). La expresión griega que Lucas utilizó significa «quedar admirado». El nombre en esa frase es *ekstasis*, que desde luego, es la raíz de la palabra éxtasis. Literalmente habla de una sacudida mental: una potente ola de asombro y profundo deleite. En este caso, sin embargo, traducir la palabra como *extático* no captaría realmente la reacción de la gente tal como Lucas la describe. Fue más parecido a un anonadado asombro, mezclado con temor y maravilla.

Al igual que el hombre anteriormente paralítico, ellos glorificaron a Dios. La alabanza de la multitud, sin embargo, tiene un carácter diferente a la adoración del hombre sanado. Él fue movido por una profunda gratitud personal y un corazón recién liberado de culpabilidad. Ellos simplemente estaban asombrados ante lo extraño de lo que habían visto. Sabemos por acontecimientos subsiguientes que la mayoría de la admiración de Capernaum por Jesús resultaría ser un voluble tipo de estima. Muchos en aquella multitud eran discípulos tibios y parásitos que rápidamente se alejaron cuando la enseñanza de Jesús se volvió más fuerte.

Lo más peculiar, sin embargo, es el hecho de que Lucas no dice nada más sobre los fariseos. Estos, con un tipo de cautela que pronto se convertiría en un patrón, sencillamente guardan un profundo silencio y se desvanecen de la historia. El hombre que fue sanado regresó por un camino, glorificando a Dios y regocijándose en su recién hallado manto de justicia. Los líderes religiosos de Israel se escabulleron en la dirección contraria, silenciosamente furiosos, resentidos de que Jesús hubiera declarado perdonado al paralítico, incapaces siquiera de regocijarse en la buena fortuna del hombre y maquinando silenciosamente su siguiente intento de desacreditar a Jesús. Sabemos que esa fue su respuesta porque, cuando vuelven a aparecer, estarán un poco más enojados, un poco más ejercitados y mucho menos dispuestos a considerar seriamente las afirmaciones de Jesús. Esa primera controversia galilea parece marcar el comienzo de un patrón de conflictos públicos cada vez más hostiles con Jesús mediante los cuales sus corazones estarían completamente endurecidos contra él.

Esa ocasión también resumió con bastante justicia las razones espirituales del intenso odio de los fariseos hacia Jesús. Ellos no podían soportar la compasión que perdonó a un pecador en ese instante. La idea de que Jesús justificase instantánea y gratuitamente a un paralítico, alguien que por definición era incapaz de trabajar, contradecía todo lo que ellos defendían. El ejercicio de autoridad divina por parte de Jesús también les dolió. No era tanto que ellos creyeran realmente que él era culpable de blasfemia; después de todo, respondió a esa acusación demostrando de modo repetido y convincente que tenía pleno poder para hacer lo que solamente Dios puede hacer. Pero ellos tenían su propia idea acerca de cómo debía ser Dios, y Jesús simplemente no encajaba en el perfil. Además de todo eso, él era una amenaza para el estatus de ellos en Israel (Juan 11:48), y cuanto más los humillaba en público de esa forma, más disminuía la influencia de ellos. De aquí en adelante, esa realidad pendía como una crisis urgente en todos los pensamientos que ellos tenían sobre él.

Después de ese episodio, los fariseos críticos aparecen a menudo en todas las narrativas de los evangelios. Ellos en seguida comenzaron a seguir los pasos de Jesús dondequiera que iba, aprovechando cada razón que podían encontrar para acusarlo, oponiéndose a él en cada ocasión, y hasta recurriendo a mentiras y blasfemia en su desesperación por desacreditarlo.

Lo claro es que ellos ya lo habían desechado por completo. Si no lo reconocieron cuando vieron un milagro dramático como la sanidad instantánea de ese paralítico, nada penetraría en sus corazones endurecidos. Ellos ya habían avanzado mucho por el camino que los convertiría en los principales conspiradores de su asesinato.

Jesús, desde luego, encarnaba *todos* los atributos de Dios: bondad, paciencia y misericordia por una parte; ira, justicia y juicio por otra. Todas esas cualidades son discernibles en alguna medida en el modo en que él trató con los fariseos en el curso de su ministerio. Pero debido a que el evangelio estaba en juego y su propio señorío estaba siendo constantemente atacado por esos hombres que eran los líderes espirituales más influyentes en la nación, su bondad nunca eclipsó su severidad en ninguno de sus tratos con ellos.

El curso de ellos estaba fijado, aparentemente algún tiempo antes de ese primer encuentro galileo con él. Sus corazones ya estaban decididos a ser inflexibles ante la autoridad de Jesús, inconscientes de su enseñanza, opuestos a su verdad, insensibles a su justicia e inmunes a sus represiones. Ellos, en esencia, ya lo habían desechado.

Sin embargo, él pronto los desecharía también a ellos.

Hermanos, el carácter del Salvador tiene toda bondad en toda perfección; él es lleno de gracia y de verdad. Algunos hombres, hoy día, hablan de él como si fuese sencillamente benevolencia encarnada. No es así. Ningunos labios hablaron nunca con tan escandalosa indignación contra el pecado como los labios del Mesías. «Su aventador está en su mano y limpiará su era». Mientras con ternura ora por su discípulo tentado, para que su fe no falte; sin embargo, con terrible firmeza avienta la era y lanza la paja al fuego inextinguible. Hablamos de Cristo como manso y humilde de espíritu y así era. Una caña quebrada que él no rompió y el pábilo humeante que él no apagó; pero su mansedumbre estaba equilibrada por su coraje y la valentía con la cual denunciaba la hipocresía: «Ay de vosotros, escribas y fariseos, hipócritas; guías ciegos, serpientes, generación de víboras; ¿cómo escaparéis de la condenación del infierno?». Esas no son las palabras del debilucho que algunos autores representan que Cristo fue. Él es un hombre, un hombre hecho y derecho, un hombre como Dios; amable como una mujer, pero tan firme como un guerrero en mitad del día de batalla. El carácter está equilibrado; tanto de una virtud como de otra. Como en la Deidad, cada atributo es completo; la justicia nunca eclipsa a la misericordia, ni la misericordia a la justicia, ni la justicia a la fidelidad; así, en el carácter de Cristo tenemos todas las cosas excelentes.

—**Charles H. Spurgeon**

Cinco

EL DÍA DE REPOSO QUEBRANTADO

No solo quebrantaba el día de reposo, sino que también decía que Dios era su propio Padre, haciéndose igual a Dios.

JUAN 5:18

Mateo, Marcos y Lucas escriben que la sanidad del paralítico fue seguida inmediatamente por el llamado y la conversión de Mateo. Hasta el momento en que Jesús lo llamó al discipulado, Mateo había sido uno de los hombres más odiados y despreciables de toda la región de Galilea. Era recaudador de impuestos (un *publicano*, para usar la terminología familiar de la versión Reina Valera). Por tanto, era considerado por toda la comunidad como un traidor a la nación judía. Era todo lo opuesto a los fariseos, en casi todos los aspectos concebibles.

Marcos se refiere a Mateo como «Leví hijo de Alfeo» (Marcos 2:14). Eso, junto con el hecho de que el evangelio que escribió es profundamente judío en estilo y contenido, indica que Mateo era hebreo de nacimiento. Pero era un activo agente de César; estaba básicamente en asociación con el enemigo de Israel a fin de facilitar su malvada ocupación de la tierra prometida y hacer dinero para sí mismo oprimiendo al pueblo de Israel.

El sistema de impuestos de Roma también era profundamente corrupto. Los aranceles eran evaluados ambiguamente y recaudados de modo incoherente mediante un método que se parecía más a la extorsión que a cualquier otra cosa. Los recaudadores de impuestos eran abrumadoramente deshonestos, bien conocidos por utilizar su puesto para llenar sus propios bolsillos. Oficialmente, Roma desatendía la situación y les permitía hacer eso. Después de todo, la corrupción engrasaba las ruedas de su agresiva maquinaria de producir beneficios. Y Mateo era una pieza importante en el componente galileo de ese aparato.

Todo acerca de Mateo había sido odioso para los fieles israelitas. De hecho, los publicanos eran los más bajos y más despreciados de todos los marginados sociales en toda la tierra. Eran considerados los más despreciables de los pecadores y, con frecuencia, estaban a la altura de esa reputación en todos los aspectos concebibles. Los fariseos y el pueblo común igualmente los miraban con el más profundo desprecio.

No solo los tres evangelios sinópticos sitúan el llamado de Mateo inmediatamente después de la sanidad del paralítico; tanto Mateo como Lucas indican que lo que sigue sucedió inmediatamente, ese mismo día: «*Pasando Jesús de allí*, vio a un hombre llamado Mateo, que estaba sentado al banco de los tributos públicos» (Mateo 9:9). «*Después de estas cosas* salió, y vio a un publicano llamado Leví, sentado al banco de los tributos públicos» (Lucas 5:27). Aparentemente, en cuanto el paralítico tomó su lecho y partió para su hogar, Jesús salió de la casa donde había sucedido la sanidad y comenzó a caminar hacia la orilla del lago. En una aldea tan pequeña como Capernaum, situada justamente a orillas del agua, esa distancia no podía ser mayor que unas cuantas cuadras. Marcos indica que el plan de Jesús era continuar enseñando a las multitudes, y la ribera obviamente ofrecía un lugar mejor y más adecuado que una casa para eso. «Después volvió a salir al mar» (Marcos 2:13), y en algún lugar en el camino «vio a Leví hijo de Alfeo, sentado al banco de los tributos públicos» (v. 14).

Mateo era quizá la persona menos probable en todo Capernaum en cuanto a convertirse en uno de los doce seguidores más cercanos de Jesús. Los otros discípulos, la mayoría pescadores de Capernaum, sin duda lo conocían bien, por lo que debieron haber despreciado el modo en que él se enriquecía a costa del sustento de ellos.

Sígueme

Ese día, sin embargo, cuando Jesús pasaba por el banco de los impuestos, miró a Mateo a los ojos y lo saludó con una sencilla palabra: «Sígueme». Los tres relatos de ese incidente registran justamente eso; nada más. Mateo era, obviamente, un hombre que ya estaba bajo convicción; había llevado el peso del pecado y la culpabilidad el tiempo suficiente y, al oír ese sencillo mandato de Jesús, «dejándolo todo, se levantó y le siguió» (Lucas 5:28).

Para un hombre en la posición de Mateo, dejarlo todo tan rápidamente fue un cambio dramático, comparable a la repentina capacidad del paralítico de caminar y llevar su propio lecho. El cambio de corazón de Mateo fue un renacimiento *espiritual*, pero no menos milagroso que la instantánea sanidad física del paralítico. En cuanto a la carrera de Mateo, ese fue un cambio de curso total e irreversible. Uno no puede abandonar una comisión de impuestos romana y después pensarlo mejor y pedir regresar a ese puesto dos días después. Pero Mateo no dudó; su repentino arrepentimiento es una de las conversiones más dramáticas descritas en la Escritura.

En una aldea del tamaño de Capernaum (menos de ciento ochenta metros desde la orilla del agua hasta el perímetro norte de la aldea), es prácticamente seguro que el banco de Mateo estaba muy cerca de la casa donde Jesús sanó al paralítico. Dada la conmoción de la multitud, sería imposible que los acontecimientos de aquel día pasasen inadvertidos para Mateo.

Él debió haberse animado cuando Jesús declaró perdonados los pecados del paralítico. Podemos discernir, por su inmediata respuesta a Jesús, que estaba totalmente harto de la vida de pecado; probablemente estuviera sintiendo la sequedad espiritual que conlleva la riqueza material ilícita. Y está claro que él estaba sintiendo el peso de su propia culpabilidad bajo la convicción del Espíritu Santo. Jesús acababa de otorgar a un desesperado cuadripléjico precisamente lo que el alma de Mateo anhelaba: perdón, limpieza y una declaración de justificación. Al venir de alguien como Jesús, que obviamente tenía la autoridad de respaldar sus decretos, eso definitivamente habría captado la atención de Mateo. Claramente, antes de que Jesús pasase a su lado y le hablase, Mateo estaba siendo atraído a la fe debido a lo que había visto aquel día.

La perspectiva de Mateo era totalmente opuesta a la de los fariseos. Él anhelaba ser libre de su pecado; ellos ni siquiera admitían que eran pecadores. No es sorprendente que la respuesta de Mateo a Jesús fuese tan inmediata.

¿Por qué se relaciona con publicanos y pecadores?

Mateo decidió hacer una recepción de celebración para Jesús aquel mismo día. Como todos los nuevos convertidos, quería desesperadamente presentar a Jesús a todos los amigos posibles sin dilación alguna. Por tanto, abrió su hogar y convidó a Jesús como invitado de honor. Lucas dice que «había mucha compañía de publicanos y de otros que estaban a la mesa con ellos» (Lucas 5:29). Los «otros» serían, desde luego, el tipo de personas de los bajos fondos que estaban dispuestas a socializar con un grupo de publicanos. En otras palabras, esa reunión no habría incluido a ninguno de los asiduos de la sinagoga local.

Que un rabino estuviera dispuesto a fraternizar en una fiesta con tales personas era totalmente repugnante para los fariseos. Eso era diametralmente opuesto a todas sus doctrinas sobre separación e impureza ceremonial. Ahí estaba otro de los asuntos preferidos de los fariseos, y Jesús estaba violando deliberadamente sus estándares, sabiendo muy bien que lo observaban de cerca. Desde la perspectiva de ellos, debió haber parecido como si él estuviera alardeando en forma intencional de su desprecio por el sistema que representaban.

Porque eso era lo que hacía. Recuerde: todo el roce que ha sucedido claramente hasta aquí entre Jesús y la élite religiosa de Israel ha sido completamente a instigación de *él*. Según conocemos por la Escritura, ellos aún no habían expresado ni una sola crítica no provocada ni acusación pública contra él.

Aun en aquel momento, los fariseos no fueron lo bastante valientes para quejarse a Jesús directamente. Buscaron a sus discípulos y murmuraron sus protestas ante ellos. Fue un cobarde intento de golpear de repente a Jesús provocando en cambio un debate con sus seguidores. Me gusta el modo en que lo dice Lucas: «Y los escribas y los fariseos murmuraban contra los discípulos» (Lucas 5:30).

Sin embargo, Jesús lo oyó (Mateo 9:12; Marcos 2:17), y respondió a los fariseos directamente, con una sola afirmación que se convirtió en su lema definitivo para su relación con el farisaico sanedrín y su clase: «Los sanos no tienen necesidad de médico, sino los enfermos. No he venido a llamar a justos, sino a pecadores» (Marcos 2:17). Para los pecadores y los recaudadores de impuestos que buscaban alivio de la carga de sus pecados, Jesús no tenía otra cosa sino buenas noticias. Para los farisaicos expertos religiosos, no tenía nada que decir.

¿Cruel? Sí, lo era. No había prácticamente posibilidad alguna de que un comentario como ese ayudase a convencer a los fariseos en cuanto al punto de vista de Jesús. Lo más probable era que aumentase la hostilidad de ellos contra él.

Y aun así, eso era lo *correcto* que él tenía que decir en ese momento. Esa era la verdad que ellos necesitaban oír. El hecho de que no fueran «receptivos» a ello no alteró el compromiso de Jesús de hablar la verdad sin atenuarla.

Los fariseos, evidentemente, no tenían respuesta alguna para Jesús. Ninguno de los evangelios registra algo más que ellos dijeran. Aquí, una vez más, simplemente se quedaron en silencio y pasaron al segundo plano de la narrativa.

Su estrategia cuando se veían avergonzados así parecía ser la de retroceder, reagruparse, volver a pensar su estrategia y, sencillamente, buscar una manera diferente de acusarlo. Cada vez, ellos regresaban más decididos y con un poco más de valentía.

Sus intentos por desacreditar a Jesús no habían acabado, de ninguna manera. De hecho, los fariseos solo habían *comenzado* a luchar.

El conflicto se cristaliza

En algún momento, no mucho después de aquel día trascendental en Capernaum, Jesús hizo otro viaje a Judea. Juan es el único de los escritores de los evangelios que menciona que Jesús fue a Jerusalén (otra vez, a celebrar uno de los días festivos anuales) a mediados de sus tres años de ministerio. El incidente está registrado en el capítulo 5 del Evangelio de Juan. El versículo 1 dice: «Después de estas cosas había una fiesta de los judíos, y subió Jesús a Jerusalén». Ese viaje a Jerusalén resultó en el siguiente enfrentamiento importante de Jesús con el sanedrín.

Juan cataloga a menudo los acontecimientos en la vida de Jesús por los días festivos. Él menciona seis de ellos, y este es el único que no identifica con nombre. La frase «una fiesta de los judíos» podría estar describiendo la fiesta de la Pascua de ese año. Más probablemente, era la fiesta de los tabernáculos: el festival de la cosecha. Este es un pasaje crucial, que marca un momento decisivo en el conflicto de Jesús con el sanedrín. Después de ese incidente, ellos no quedaron contentos con solo desacreditarlo; estaban decididos a llevarlo a la muerte (Juan 5:18). Desde ese punto en adelante, los desafíos que ellos hacían a la autoridad de Jesús fueron francos, descarados y cada vez más estridentes.

De igual modo, las represiones y advertencias que Jesús les dirigía a ellos se volvieron cada vez más severas desde este punto en adelante.

Ese incidente, en ciertos aspectos un eco del anterior, comenzó con la sanidad de un hombre que había estado completamente paralítico durante treinta y ocho años (v. 5). El milagro sucedió en el estanque de Betesda, cerca de la Puerta de las Ovejas, en el extremo noreste de los terrenos del templo. Estaba muy cerca del lugar en que se situaba el mercado de las ovejas, donde Jesús había expulsado a los cambistas aproximadamente dieciocho meses antes. Juan escribe:

> Y hay en Jerusalén, cerca de la puerta de las ovejas, un estanque, llamado en hebreo Betesda, el cual tiene cinco pórticos. En estos yacía una multitud de enfermos, ciegos, cojos y paralíticos, que esperaban el movimiento del agua ... Y había allí un hombre que hacía treinta y ocho años que estaba enfermo. Cuando Jesús lo vio acostado, y supo que llevaba ya mucho tiempo así, le dijo: ¿Quieres ser sano? Señor, le respondió el enfermo, no tengo quien me meta en el estanque cuando se agita el agua; y entre tanto que yo voy, otro desciende antes que yo. Jesús le dijo: Levántate, toma tu lecho, y anda. Y al instante aquel hombre fue sanado, y tomó su lecho, y anduvo. Y era día de reposo aquel día.
>
> **(Juan 5:2-3, 5-9)**

Esta es la única mención del estanque de Betesda que aparece en la Biblia. La existencia del estanque (una cisterna grande rodeada de cinco columnatas cubiertas) fue cuestionada por los escépticos hasta que unos arqueólogos lo descubrieron en el siglo diecinueve, completo con las ruinas de los cinco pórticos.

El versículo 4 del pasaje dice: «Porque un ángel descendía de tiempo en tiempo al estanque, y agitaba el agua; y el que primero descendía al estanque después del movimiento del agua, quedaba sano de cualquier enfermedad que tuviese». Este versículo no está en los manuscritos más antiguos y confiables del Nuevo Testamento. Parece ser una nota marginal explicativa del escriba que trabajó en el cuerpo del texto en copias posteriores. En ningún otro lugar hay mención alguna de un ángel o de cualquier otro efecto sanador sobrenatural de las aguas.

Sin embargo, el estanque era un imán para los enfermos y los débiles. Era alimentado por un manantial de agua mineral tibia; el cual, cuando las aguas comenzaban a moverse, implicaba una nueva infusión de reconfortante calidez y minerales.

Por lo tanto, los cinco pórticos albergaban a «una multitud de enfermos, ciegos, cojos y paralíticos» (v. 3). Sin duda alguna, cada uno de ellos se habría alegrado de ser sanado. Pero, en esa ocasión, Jesús los evitó a todos y escogió a ese único hombre.

La naturaleza exacta y el grado de discapacidad de ese hombre no se nos dan. Él no parece haber estado completamente paralítico como el hombre de Capernaum. En el versículo 7, el propio hombre sugiere que tenía cierta capacidad de movimiento, aunque solo lentamente y con gran dificultad. Podría haber tenido una grave enfermedad de artrosis, una enfermedad muscular degenerativa, algún tipo de parálisis o una discapacidad por mucho tiempo debido a una severa lesión.

Cualquiera que fuese la naturaleza precisa de la aflicción del hombre, era lo bastante grave como para hacer imposible que se moviese libremente por sí mismo. Por tanto, él era en esencia paralítico y había estado así lo que parecía toda una vida: treinta y ocho años. Un hombre así estaría desempleado y, probablemente, sería pobre. Un estanque alimentado por un manantial de agua mineral caliente era la terapia más barata y más efectiva que todos los mejores expertos médicos de la época podían ofrecer para una discapacidad como la de él.

Sin embargo, había un problema: quienquiera que le hubiera llevado a Betesda no se quedó con él, y por tanto ni siquiera podía meterse en el agua cuando la corriente comenzaba a moverse. Él era la representación misma de la impotencia.

Jesús se acercó a él individualmente y le habló en privado. Le hizo una pregunta cuya respuesta parecería ser obvia: «¿Quieres ser sano?» (v. 6). La respuesta del hombre revela lo que había en su mente. Estaba frustrado y desalentado. Estaba a escasos metros de la poca ayuda que tenía a su disposición y, sin embargo, no tenía beneficio alguno para él, porque cuando las aguas se movían, no podía meterse en el estanque antes de que otros se le adelantaran y lo dejaran atrás. Era una exasperante indignidad para él y claramente estaba pensando en ello cuando Jesús se le acercó.

El hombre parece haber creído que era importante ser el primero en entrar al estanque en cuanto las aguas se agitaran. Él no buscaba a alguien que le ofreciera su brazo para sostenerlo y llevarlo firmemente mientras se metía en el estanque lo mejor que podía. Al contrario, la frase utilizada en el versículo 7 podría traducirse literalmente así: «No tengo a nadie que me *lance* al estanque cuando las aguas se mueven». Quizá estuviera insinuando que si Jesús estaba realmente interesado en el bienestar de un paralítico, debería quedarse a su lado hasta que las aguas volvieran a moverse, ¡y después lanzar rápidamente al hombre al estanque!

Esa fue una buena y *afirmativa* respuesta a la pregunta de Jesús, porque sin más palabras de por medio, el Maestro le dijo: «Levántate, toma tu lecho, y anda» (v. 8). Fue prácticamente la misma forma de expresión que Jesús había utilizado con el paralítico en Capernaum: tres imperativos, todos ellos mandatos que el pobre hombre no tenía capacidad alguna en sí para obedecer. Pero junto con el mandato llegó el poder milagroso de lo alto, y «*al instante*» (v. 9) los treinta y ocho años de aflicción del hombre llegaron a su fin. Él, sencillamente, agarró su lecho y se fue andando. Jesús, mientras tanto, se mezcló quietamente entre la multitud (v. 13).

En el ámbito de todo el ministerio de Jesús, eso podría haber parecido una sanidad bastante corriente. No fue acompañada de ningún sermón o discurso público. Jesús solo habló en privado y muy brevemente con este hombre enfermo en un contexto tan lleno de gente que pocas personas, si es que alguna, es probable que lo notasen. No hubo fanfarria alguna anterior a la sanidad, por lo que la descripción que Juan hace del incidente no nos da razón alguna para pensar que la sanidad del hombre *per se* resultase en algún espectáculo público. Jesús había sanado anteriormente a incontables personas y, bajo esa luz, todo en cuanto a este incidente fue más o menos rutinario para el ministerio de Jesús.

Excepto por un detalle. Juan concluye el versículo 9 observando: «Y era día de reposo aquel día». A primera vista, eso puede parecer un hecho incidental como trasfondo; pero es realmente el punto decisivo de la narrativa, desatando un conflicto que marcará otra escalada más de hostilidad entre Jesús y los principales líderes religiosos de Israel. Al final de ese día, el desprecio de ellos por él se habría elevado a un nivel tal de puro odio que, desde ahora en adelante, no descansarían, ni permitirán que él descansara, hasta haberlo eliminado por completo.

Recuerde que los asuntos referentes a la obediencia del día de reposo eran el terreno de los fariseos. Jesús sabía muy bien que eran casi fanáticos con respecto a eso. Ellos habían inventado todo tipo de restricciones para el día de reposo, añadiendo sus propias reglas muy estrictas a la ley de Moisés en nombre de la tradición. Trataban sus costumbres hechas por el hombre como si fuesen leyes vinculantes, iguales en autoridad a la Palabra de Dios revelada.

Desde luego, hacían lo mismo con todos los preceptos ceremoniales de la ley, yendo mucho más allá de lo que la Escritura requería. Volvían cada ritual tan elaborado y cada ordenanza tan restrictiva como fuese posible, y creían que ese era un camino a una mayor santidad. Pero el día de reposo era un evento semanal, el latido mismo de la vida religiosa de Israel y un símbolo de teocracia. Como tal, era un recordatorio constante de que la verdadera autoridad bajo la ley de Moisés provenía de Dios mediante el sacerdocio, no por decretos gubernamentales de un rey terrenal o César. Por tanto, la despótica autoridad que los fariseos reclamaban sobre ese día era la única gran tradición que guardaban con más fiereza.

Ellos insistían en que *todos* debían observar sus principios en cuanto al día de reposo con rigidez. En Jerusalén sobre todo, se requería básicamente a toda la población que observase el día de reposo a la manera de los fariseos. En Jerusalén, hasta los soldados romanos paganos mostraban tanta deferencia como fuese posible a las restricciones de los fariseos en ese día cada semana. El legalismo ultraestricto sobre el día de reposo se convirtió así en el emblema cultural determinante de la vida y la religión en Israel.

Jesús, sin embargo, se negaba a postrarse ante las reglas humanas de los fariseos. Él quebrantó el día de reposo franca, repetida y deliberadamente. Enseñó que «el día de reposo fue hecho por causa del hombre, y no el hombre por causa del día de reposo» (Marcos 2:27); y después siguió esa afirmación diciéndoles con valentía a los fariseos: «Por tanto, el Hijo del Hombre es Señor aun del día de reposo» (v. 28).

El primer conflicto importante por esos asuntos surgió tras la tranquila sanidad ocurrida ese día de reposo en el estanque de Betesda. Casi en cuanto el hombre sanado recogió su lecho (por primera vez en treinta y ocho años) y comenzó a irse caminando, se encontró con algunos líderes religiosos que lo acusaron de quebrantar el día de reposo. Antes de que terminase el día, Jesús justificaría el haber quebrantado las restricciones de los fariseos el día de reposo diciendo que él es el Hijo de Dios y, por tanto, perfectamente libre para hacer lo que Dios mismo hace en el día de reposo.

Ese único incidente determinó mucho el asunto y estableció el tono que dominaría la controversia de Jesús con el sanedrín durante el resto de su vida terrenal. Desde ese día en adelante, la inmensa mayoría de los conflictos entre Jesús y los fariseos implicaría la cuestión de quién tiene verdaderamente autoridad sobre el día de reposo. Las tradiciones del día de reposo de ellos y la autoridad divina de él se convertirán, por tanto, en los dos asuntos por los cuales todos los conflictos de los fariseos con Jesús ahora cristalizan. Prácticamente cada controversia pública que tendrá con ellos de aquí en adelante se desencadenará, o bien por la negativa de él a postrarse al legalismo de ellos, o bien por sus afirmaciones de igualdad con Dios, o por ambas cosas. La clara postura de Jesús sobre *ambos* puntos de la controversia se resume perfectamente en la declaración de que *él* es Señor del día de reposo.

Ahora observe cómo surgió este primer conflicto en el día de reposo.

No te es lícito llevar tu lecho

Nadie podía andar por Jerusalén transportando *cualquier cosa* el día de reposo (y mucho menos una camilla lo bastante grande para un hombre adulto) sin que el ojo crítico de algún fariseo lo divisara. Sobre todo estando tan cerca del templo. Como era previsible, antes de que el hombre anteriormente discapacitado se hubiera alejado mucho del estanque de Betesda, un grupo de autoridades religiosas lo detuvieron y desafiaron su derecho a llevar su propio lecho el día de reposo. (Juan se refiere a los principales interlocutores como «los judíos», que en el Evangelio de Juan casi siempre significa autoridades religiosas reconocidas y de alto rango. Por tanto, esos hombres probablemente fuesen miembros del sanedrín). Ellos le dijeron: «Es día de reposo; no te es lícito llevar tu lecho» (Juan 5:10).

El hombre explicó que acababa de recibir una sanidad milagrosa y que «el que me sanó, él mismo me dijo: Toma tu lecho y anda» (v. 11).

No pase por alto el hecho de que aquellas autoridades religiosas se preocupaban más por las tradiciones del día de reposo, hechas por el hombre, que por el bienestar de un hombre que había sufrido por tanto tiempo. Ellos actuaban como monitores de chicos de escuela secundaria en lugar de como seres humanos maduros. Ya bastaba de sus afirmaciones de superioridad moral. Aun la mayoría de las personas a las que los fariseos miraban con desprecio hubieran respondido mejor de lo que ellos lo hicieron. Cualquiera con una pizca de sentimientos y un sentido básico de humanidad se habría regocijado de modo natural con el hombre por su buena fortuna. La simple curiosidad nos impulsaría a la mayoría de nosotros a pedir más detalles sobre lo que había sucedido y cómo una sanidad tan maravillosa después de una aflicción por tanto tiempo se había producido de repente. Se necesita una marca peculiar de fariseísmo excesivamente religioso para que cualquiera se comporte de forma tan despiadada como lo hicieron aquellas autoridades judías. Ellos pasaron por alto totalmente el glorioso triunfo de la sanidad y demandaron saber de forma precisa quién lo había sanado, a fin de poder llevar su queja a cualquiera que le hubiera *dicho* a ese hombre que estaba bien que llevase su lecho.

Jesús, sin embargo, ya se había deslizado entre las multitudes. El breve encuentro en Betesda había sido tan inesperado y se llevó a cabo con tanta rapidez que el hombre ni siquiera había tenido tiempo para descubrir quién era el que lo sanó.

Jesús se iguala a sí mismo con Dios

El hombre, aparentemente, estaba en algún lugar entre Betesda y el templo cuando lo detuvieron y lo desafiaron. Eso significaría que caminó una distancia muy corta antes de ser acusado de quebrantar el día de reposo. En cualquier caso, «después le halló Jesús en el templo, y le dijo: Mira, has sido sanado; no peques más, para que no te venga alguna cosa peor» (v. 14).

No se nos dice nada sobre el estado espiritual de ese hombre. Jesús no declaró perdonados sus pecados, como hizo en el caso del paralítico en Capernaum. Tampoco comentó sobre la fe del hombre, como hacía con frecuencia cuando sanaba a otras personas (por ejemplo, Mateo 9:22; Marcos 10:52; Lucas 7:50; 17:19). El hecho de que él estuviera en el templo es la única pista que tenemos de que tenía algún interés espiritual.

Sin embargo, lo que especialmente llama a cuestionar la fe de este hombre es la forma en que reaccionó después de encontrarse con Jesús en el templo y descubrir la identidad de aquel que lo había sanado. Si él expresó alguna alabanza o gratitud, o respondió a Jesús con algo, Juan no lo menciona. Al contrario, el texto dice: «el hombre se fue» (Juan 5:15).

Él no solo se fue de la presencia de Jesús; acudió directamente a las autoridades judías que lo habían confrontado y, en esencia, entregó a Jesús. Es difícil imaginar cualquier motivo noble que tuviera para ir arrastrándose ante los líderes religiosos. En el peor de los casos, el hombre estaba siendo pecaminosamente egoísta; en el mejor de los casos, estaba siendo ingenuamente estúpido. Posiblemente no podía haber tenido ningún afecto por los líderes judíos que lo habían desafiado (o alguna relación con ellos). Lo habrían tratado como impuro antes de su sanidad y, *sí*, lo trataron con despiadada indiferencia inmediatamente después. Pero él no quería tener ninguna pelea con ellos. Y pudo haber sentido un temor indebido ante su desaprobación, temiendo quizá que ellos pudieran en verdad apedrearlo. Si así fue, puede que hubiera estado demasiado preocupado por librarse a sí mismo de cualquier culpa.

Por otro lado, tenía todas las razones para saber que los líderes religiosos se enojaban mucho con respecto a la supuesta violación del día de reposo. Cuando ellos originalmente demandaron saber quién lo había sanado, debió haber sido patentemente obvio para él que ellos no estaban buscando felicitar a Jesús por su benevolencia. Si se sintió muy intimidado por ellos y temeroso de las repercusiones de su desagrado, es difícil explicar por qué se apartó de su camino para encontrarlos otra vez y llevarles noticias frescas sobre Jesús.

Cualquiera que fuese la razón que tuviera para ello, el hombre se dirigió directamente a las autoridades religiosas que lo habían acusado y les dijo que Jesús era a quien buscaban. Como era de esperar, ellos «perseguían a Jesús, y procuraban matarle, porque hacía estas cosas en el día de reposo» (v. 16). En cuanto el hombre confirmó quién lo había sanado, aquellos líderes religiosos fueron directamente a Jesús y comenzaron a acusarlo y a amenazarlo con apedrearlo.

Bajo la ley de Moisés, cualquier violación deliberada y notoria del día de reposo era motivo de apedreamiento (Éxodo 31:14; 35:2). Uno de los primeros apedreamientos registrados en el Antiguo Testamento implicó una violación del día de reposo (Números 15:32-36). Por tanto, las autoridades religiosas creían que tenían un motivo idóneo y bíblicamente defendible para apedrear a Jesús. El sanedrín tenía la capacidad de decidir entre la vida y la muerte en asuntos religiosos, aun bajo el gobierno romano, y frecuentemente la empleaban para tratar casos de blasfemia excesiva y sacrilegio deliberado. Es improbable que los romanos sancionaran la ejecución de alguien que violaba el día de reposo accidentalmente o de forma meramente superficial. (Y este caso era un delito menor bajo cualquier medida). Pero si los líderes religiosos podían construir un caso creíble de que Jesús era un blasfemo malicioso y crónico, podían llevarlo a la muerte sin ningún desafío grave de Roma.

Ese incidente que comenzó en Betesda parece haber plantado esa idea en las mentes de ellos y, por eso, el día de reposo pronto se convierte en el motivo central de su conflicto con él. También explica el obvio cambio en la estrategia de ellos de aquí en adelante. Se vuelven más valientes y expresivos en sus acusaciones; ya no tratan meramente de desacreditarlo, sino que, por el contrario, están resueltos a destruirlo. Comienzan a observarlo con un escrutinio especialmente cercano los días de reposo. De hecho, después de eso, siempre que Jesús sana en día de reposo, hay un fariseo presente que lo desafiará.

No obstante, aunque él sabía muy bien que cada ocasión así provocaría un conflicto franco con ellos, Jesús nunca se echó para atrás ni se abstuvo de sanar directamente en el día de reposo. Él aprovechaba esas oportunidades y hacía sus sanidades de modo tan público y visible como fuera posible. A veces les anunciaba a los fariseos que tenía intención de hacer un milagro, prácticamente desafiándolos a condenar el acto *antes* de que lo hiciera (cp. Mateo 12:10; Lucas 14:3). Él hacía eso, desde luego, no por amor a la contención, sino porque era la mejor manera de destacar el error y la injusticia que estaban incrustados en el sistema de los fariseos.

De hecho, en la ocasión de esa primera controversia el día de reposo en Jerusalén, Jesús respondió a la condena de los líderes religiosos diciendo algo que era prácticamente garantizado que los ofendería más que nunca. Él simplemente dijo: «Mi Padre hasta ahora trabaja, y yo trabajo» (Juan 5:17). En otras palabras, Dios mismo no está atado por ninguna restricción en día de reposo; él continúa sus labores día y noche (Salmos 121:4; Isaías 27:3). Jesús estaba reclamando la misma prerrogativa para sí mismo. Él era, después de todo, el Señor del día de reposo. Esa es ciertamente una afirmación que solo Dios encarnado puede hacer legítimamente.

Los líderes religiosos captaron el mensaje al instante. Ya lo estaban persiguiendo e insinuando que debía ser apedreado, aun antes de que él hiciera ese comentario. Pero ahora el ánimo de ellos dio un giro hacia lo peor: «Por esto los judíos aun más procuraban matarle, porque no solo quebrantaba el día de reposo, sino que también decía que Dios era su propio Padre, haciéndose igual a Dios» (Juan 5:18).

Él se estaba igualando a sí mismo con Dios. Es el mismo asunto que los llevó a pensar que era culpable de blasfemia en Capernaum: «¿Quién puede perdonar pecados sino solo Dios?» (Lucas 5:21). En esa ocasión, él había respondido con una demostración de su autoridad divina. En esta última, sin embargo, siguió firme contra ellos y explicó sin temor las implicaciones de su propia deidad en un discurso que va desde Juan 5:19 hasta el final del capítulo. Todo el discurso es un ejemplo más de la franca claridad de Jesús. Él incluyó una firme y explícita denuncia de los principales líderes de Israel, con varias frases que los reprenden como completos incrédulos («¿Cómo podéis vosotros creer, pues recibís gloria los unos de los otros, y no buscáis la gloria que viene del Dios único?», v. 44). Jesús concluye con una potente reprobación final de todo su sistema, citando la única fuente en la que *afirmaban* confiar, los libros de Moisés, como un testigo contra ellos: «No penséis que yo voy a acusaros delante del Padre; hay quien os acusa, Moisés, en quien tenéis vuestra esperanza. Porque si creyeseis a Moisés, me creeríais a mí, porque de mí escribió él. Pero si no creéis a sus escritos, ¿cómo creeréis a mis palabras?» (vv. 45-47).

Jesús no está construyendo ningún puente con la clase religiosa aquí; los está censurando, y a ninguno con demasiada amabilidad. En vez de andar con cautela debido a sus bien conocidas sensibilidades religiosas y tratar de evitar la ofensa, los retrata como profundamente no regenerados, hombres carentes de vida espiritual (v. 40). Y hace entender su punto repetidamente, con algunas de las palabras más cortantes posibles: «ni tenéis su palabra morando en vosotros» (v. 38); «no tenéis amor de Dios en vosotros» (v. 42); «vosotros no creéis» (vv. 38, 47).

Por otro lado, Jesús no trataba de provocarles meramente por pasar el rato. Él les dijo: «Digo esto, para que vosotros seáis salvos» (v. 34). Los líderes religiosos de Israel estaban perdidos, por lo que progresivamente endurecían sus corazones contra Jesús. Ellos *necesitaban* algunas palabras ásperas. El Maestro no permitiría que lo ignorasen, o ignorasen su verdad, bajo el disfraz de mostrarles el tipo de deferencia y de honra pública que ellos anhelaban.

¿Podría Jesús haber evitado más conflictos con el sanedrín simplemente suavizando su mensaje un poco y manteniendo un cordial coloquio con el concilio judío aquí? ¿Podía haber suavizado la oposición desde un principio amortiguando sus críticas a ellos? ¿Es posible que lo hubieran dejado tranquilo si él simplemente les hubiera mostrado el tipo de respeto que ellos anhelaban en contextos públicos, reservándose sus desacuerdos para contextos privados, amigables y personales?

Quizá.

Sin embargo, eso no habría servido a la causa de la verdad y el precio de la cesión con la élite religiosa de Israel habría sido la pérdida de la redención para todos los pecadores. Por tanto, Jesús estaba, de hecho, mostrando la mayor rectitud y misericordia, aunque estuviera deliberadamente provocándolos.

Las consecuencias

El final del discurso de Jesús es también el final de Juan 5. No se registran otros comentarios de las autoridades judías. Pero ellos, de ninguna manera, iban a dejar pasar el asunto.

Jesús regresó a Galilea (Juan 6:1), y la delegación galilea de los fariseos comenzó de inmediato a examinarlo con diligencia extra en cuanto al día de reposo. Casi inmediatamente después de su regreso a Galilea, el ministerio de Jesús estuvo marcado por una serie de conflictos con los fariseos porque repetidas veces no observó el día de reposo según los términos de ellos.

El primer conflicto galileo por el día de reposo sucedió cuando algunos fariseos observaron a los discípulos de Jesús recogiendo granos a medida que su camino los llevaba por unos sembrados en día de reposo. Según Lucas 6:1, ellos «pasaban»; no estaban en el campo espigando, sino que «sus discípulos arrancaban espigas y comían, restregándolas con las manos».

Según el pensamiento de los fariseos, el movimiento de restregar las manos, que separaba el grano de la paja, técnicamente era una forma de aventar; por tanto, era trabajo, y estaba prohibido el día de reposo según sus reglas. Ellos desafiaron a Jesús; él defendió los actos de sus discípulos con un múltiple argumento del Antiguo Testamento.

Así que señaló, en primer lugar, que David había comido los panes del tabernáculo cuando tuvo hambre (Mateo 12:3-4).

En ese oscuro incidente del Antiguo Testamento (1 Samuel 21:3-6), David y sus hombres tenían mucha hambre, por lo que buscaron descanso y refugio cerca del tabernáculo. Los panes de la proposición que estaban sobre el altar acababan de ser sustituidos por pan fresco (v. 6). Aun después de haber sido retirados del altar, esos panes eran considerados santos y normalmente estaban reservados solo para los sacerdotes. Pero David lo pidió de todos modos, señalando que sus hombres estaban ceremonialmente limpios (v. 5) y el pan era entonces técnicamente común. Por tanto, el sacerdote aceptó y les dio los panes. Jesús citó eso como prueba de que *las obras por necesidad y los actos de bondad* sobrepasan a los estrictos requisitos de la ley ceremonial y así tales obras pueden hacerse en día de reposo. Como más evidencia, señaló que los sacerdotes en el templo *debían* trabajar el día de reposo (Mateo 12:5).

Citando a Oseas 6:6, dijo entonces: «Y si supieseis qué significa: Misericordia quiero, y no sacrificio, no condenaríais a los inocentes» (Mateo 12:7). Él estaba haciendo una distinción clara entre la importancia moral de la ley («misericordia») y sus características ceremoniales («sacrificio»), y sugiriendo que la intención moral de la ley siempre triunfa sobre los insignificantes detalles ceremoniales. Esa, desde luego, es la misma lección a la que señaló en el caso de David cuando comió el pan de la proposición.

Esa fue la ocasión en que él hizo estas dos afirmaciones definitivas explicando por qué se negaba a inclinarse ante el legalismo fariseo en cuanto al día de reposo: «El día de reposo fue hecho por causa del hombre, y no el hombre por causa del día de reposo. Por tanto, el Hijo del Hombre es Señor aun del día de reposo» (Marcos 2:27-28).

Llenos de ira

Poco tiempo después de eso («en otro día de reposo», Lucas 6:6), Jesús sanó a un hombre que tenía una mano seca en una sinagoga donde él había ido a enseñar. Lucas dice claramente: «Y le acechaban los escribas y los fariseos, para ver si en el día de reposo lo sanaría, a fin de hallar de qué acusarle» (v. 7).

Una vez más, Jesús hizo algo deliberadamente que sabía que causaría fricción. Plenamente consciente de que los fariseos lo estaban observando de cerca y que estarían profundamente ofendidos si sanaba a ese hombre en día de reposo, Jesús llamó al hombre al frente de la sinagoga y realizó la sanidad de forma tan enfáticamente pública como pudo. Hasta precedió la sanidad desafiando con franqueza el error de los fariseos. «Os preguntaré una cosa: ¿Es lícito en día de reposo hacer bien, o hacer mal? ¿salvar la vida, o quitarla?» (v. 9). Lucas sugiere que Jesús entonces estableció deliberadamente contacto visual con cada uno de sus adversarios eclesiásticos justo antes de sanar al hombre: «Y mirándolos a todos alrededor, dijo al hombre: Extiende tu mano» (v. 10).

Ese fue uno de esos innegables milagros divinamente producidos que implicaban el poder de crear. El brazo que había estado «seco» (significando que estaba retorcido y físicamente deformado), ¡fue sanado al instante! ¿Quién podría dudar de que ese era el poder de Dios demostrado?

Sin embargo, los fariseos que allí estaban no fueron movidos por el milagro. Al contrario, se enfurecieron contra Jesús. «Y ellos se llenaron de furor» (v. 11).

¿Qué esperaba lograr haciendo algo que sabía que enfurecería a los fariseos? ¿Por qué no, en cambio, llevarlos a un lado e intentar corregirlos en privado? ¿Por qué provocó a propósito una pelea con ellos en lugar de tratar de hacer la paz? Y si era necesario corregir sus puntos de vista sobre el día de reposo, ¿no sería mejor mantener ese conflicto entre él y ellos? ¿Por qué provocó a aquellos hombres delante de una multitud de laicos en un lugar de adoración? ¿Por qué elegir *esa* pelea por un asunto que era tan importante para ellos?

Pero una vez más, Jesús no estaba provocando a los fariseos por pasar el rato o por placer. Además, esa disputa no se trataba meramente de quién tenía la perspectiva correcta de la *ceremonia*. El asunto mayor y subyacente seguía siendo el principio de la justificación y cómo los pecadores pueden estar en paz con Dios. La justificación no se gana por mérito ni se obtiene mediante rituales. La verdadera justicia no puede ganarse mediante obras humanas, sino que el perdón y la plena justificación se dan gratuitamente a aquellos que creen.

En otras palabras, la diferencia entre Jesús y los fariseos no era que tuvieran costumbres diferentes en cuanto a cómo observar el día de reposo; era que mantenían puntos de vista contradictorios sobre el camino de salvación. Esa verdad era demasiado importante para enterrarla bajo la manta de una cortesía artificial. El evangelio debe ser defendido contra las mentiras y la falsa enseñanza, y el hecho de que la verdad del evangelio con frecuencia ofende hasta a las personas más distinguidamente religiosas no es *nunca* una razón para intentar suavizar el mensaje o atenuarlo. Jesús mismo es nuestro modelo para eso.

Los escribas y fariseos en Lucas 6 quedaron tan profundamente ofendidos por él que se reunieron después «y hablaban entre sí qué podrían hacer contra Jesús» (v. 11). Marcos 3:6 dice: «Y salidos los fariseos, tomaron consejo con los herodianos contra él para destruirle».

El rumbo de las autoridades religiosas estaba establecido y sus corazones se iban endureciendo firmemente. Su determinación de ver muerto a Jesús de repente se había desarrollado y convertido en un severo complot. Quedaban aún por llegar muchos más conflictos y ni Jesús ni sus adversarios religiosos mostraron señal alguna de echarse atrás.

¿Por qué afable? De todos los epítetos que podrían aplicarse a Cristo, este parece ser uno de los menos apropiados ... Jesucristo bien podría ser denominado «manso» en el sentido de que era desprendido, y humilde, y profundamente dedicado a lo que él consideraba justo, cualquiera que fuese el costo personal; pero «afable», ¡nunca!

—J. B. Phillips

Seis

DURA PREDICACIÓN

¿Esto os ofende?
JUAN 6:61

El conflicto de Jesús con los fariseos no fue un sereno desacuerdo desarrollado en un rincón secreto. Ni tampoco Jesús mismo buscó atenuar el aspecto público de su constante enemistad con los líderes religiosos. Él no tenía miramiento alguno en cuanto a las ideas de propiedad y educación que son tan generales en el discurso teológico público en la actualidad. Por el contrario, la predicación de Jesús probablemente fuese el aspecto más importante de su implacable polémica contra los líderes de la clase religiosa judía y la hipocresía institucionalizada que ellos encarnaban. Estaba claro para todos que la enseñanza de los fariseos era uno de los principales objetivos de Jesús, ya fuera que estuviese dando un discurso para beneficio de sus discípulos o predicando a vastas multitudes.

De hecho, todo el tema del Sermón del Monte (Lucas 6; Mateo 5—7) fue una crítica de la religión de los fariseos. Él condenó su doctrina; su falso enfoque de la santidad práctica; su pedante estilo de torcer la Escritura y su engreído exceso de confianza. El discurso del pan de vida (Juan 6) igualmente provocó tal conflicto con los fariseos que la mayoría de los propios seguidores de Jesús se sintió gravemente incómoda. Muchos de ellos dejaron de seguirlo después de eso.

El Sermón del Monte

El sermón registrado más conocido y más extenso de Jesús viene después de mediados de su ministerio público. Justamente antes de predicar el sermón, Jesús subió a la cumbre de un monte cercano y pasó toda la noche en oración (Lucas 6:12). Estaba claro que algo notable sucedía en el monte aquel día, porque una gran multitud de discípulos estaba esperando a Jesús cuando descendió.

El sermón de Jesús comienza con las bienaventuranzas: esa familiar serie de bendiciones. Hay ocho bienaventuranzas en el relato de Mateo que, combinadas, describen la verdadera naturaleza de la fe salvadora.

> Bienaventurados los pobres en espíritu, porque de ellos es el reino de los cielos. Bienaventurados los que lloran, porque ellos recibirán consolación. Bienaventurados los mansos, porque ellos recibirán la tierra por heredad. Bienaventurados los que tienen hambre y sed de justicia, porque ellos serán saciados. Bienaventurados los misericordiosos, porque ellos alcanzarán misericordia. Bienaventurados los de limpio corazón, porque ellos verán a Dios. Bienaventurados los pacificadores, porque ellos serán llamados hijos de Dios. Bienaventurados los que

padecen persecución por causa de la justicia, porque
de ellos es el reino de los cielos.

Bienaventurados sois cuando por mi causa os
vituperen y os persigan, y digan toda clase de mal
contra vosotros, mintiendo. Gozaos y alegraos, porque vuestro galardón es grande en los cielos; porque así persiguieron a los profetas que fueron antes
de vosotros.

(Mateo 5:3-12)

Los «pobres de espíritu» (v. 3) son aquellos que saben que
no tienen recursos espirituales propios. «Los que lloran» (v. 4)
son personas arrepentidas, verdaderamente tristes por su propio
pecado. «Los mansos» (v. 5) son aquellos que verdaderamente
temen a Dios y conocen su propia indignidad a la luz de la
santidad de él. «Los que tienen hambre y sed de justicia» (v. 6)
son aquellos que, habiéndose alejado del pecado, anhelan lo que
Dios ama. Esas cuatro bienaventuranzas son todas *cualidades
interiores* de la fe auténtica. Describen cómo se ve el creyente a
sí mismo delante de Dios: pobre, triste, manso y hambriento.

Las cuatro últimas bienaventuranzas describen *manifestaciones exteriores* de esas cualidades. Se enfocan principalmente
en el carácter moral del creyente y describen cómo debería ser
un cristiano auténtico para un observador objetivo. «Los misericordiosos» (v. 7) son aquellos que, como beneficiarios de la
gracia de Dios, dan gracia a otros. «Los puros de corazón» (v. 8)
describe a personas cuyos pensamientos y actos se caracterizan
por la santidad. «Los pacificadores» (v. 9) habla principalmente
de aquellos que difunden el mensaje de «paz para con Dios
por medio de nuestro Señor Jesucristo» (Romanos 5:1), que

es la única paz verdadera y duradera. Y obviamente, «los que padecen persecución por causa de la justicia» (Mateo 5:10) son ciudadanos del reino de Cristo que sufren debido a su afiliación con él y su fidelidad al Señor. El mundo los aborrece porque lo aborrece a él (Juan 15:18; 1 Juan 3:1, 13).

Jesús difícilmente podría haber desarrollado una lista de virtudes que estuviera más en desacuerdo con su cultura.

Considere esto: los fariseos como grupo estaban en el lado equivocado de cada una de esas líneas en la arena. La autosuficiencia espiritual definía todo su sistema; se negaban a reconocer su pecado y mucho menos a llorar por él. Lejos de ser mansos, eran la propia encarnación de la terca y despótica seguridad en sí mismos. No tenían hambre y sed de justicia; realmente pensaban que ellos la habían perfeccionado. No eran misericordiosos, sino que su especialidad era «[atar] cargas pesadas y difíciles de llevar, y [ponerlas] sobre los hombros de los hombres; pero ellos ni con un dedo [querían] moverlas» (Mateo 23:4). Sus corazones eran impuros, no puros, y Jesús los confrontaba en cuanto a eso regularmente (Mateo 23:27). Eran agitadores espirituales, no pacificadores. Y sobre todo, eran los principales perseguidores de los justos. Su trato con Jesús ya estaba comenzando a dejar eso claro.

Las Bienaventuranzas fueron una represión para todo el sistema de los fariseos. Cualquier fariseo que pudiera haber estado entre la multitud escuchando el sermón se habría sentido, sin duda, personalmente atacado y públicamente humillado. Y si había alguna duda en cuanto a las intenciones de él, la prueba de que Jesús *quería* reprenderlos se ve a lo largo del resto del sermón. De hecho, el mensaje central del Sermón del Monte se resume en el versículo 20: «Porque os digo que si vuestra justicia no fuere mayor que la de los escribas y fariseos, no entraréis en el reino de los cielos». El sermón es una crítica sostenida a todo el sistema religioso de ellos. Las Bienaventuranzas son meramente una introducción, contrastando el espíritu de la fe auténtica con la hipocresía de la santurronería farisaica.

Habéis oído... pero yo os digo

Después de las Bienaventuranzas, Jesús pasa directamente a un discurso más extenso sobre el verdadero significado de la ley del Antiguo Testamento. El resto de Mateo 5 es una crítica sistemática y punto por punto de la interpretación que los fariseos hacían de la ley de Moisés. Jesús está corrigiendo algunos de sus errores representativos.

Algunos comentaristas han sugerido que Jesús está alterando o extendiendo los requisitos morales de la ley de Moisés para una nueva dispensación. Jesús mismo de modo enfático dijo otra cosa: «No penséis que he venido para abrogar la ley o los profetas; no he venido para abrogar, sino para cumplir. Porque de cierto os digo que hasta que pasen el cielo y la tierra, ni una jota ni una tilde pasará de la ley, hasta que todo se haya cumplido» (vv. 17-18).

Además, cada principio que Jesús utilizó para refutar la interpretación que los fariseos hacían de la ley ya estaba, o bien afirmado o claramente insinuado en el Antiguo Testamento. Veremos más de eso enseguida.

Sin embargo, lo que es más importante observar aquí es que Jesús deliberadamente establece su descripción de la auténtica justicia *contra* la religión de los fariseos. La mayor parte del sermón es, en esencia, una jeremiada contra su marca única de hipocresía. Ese es el tema singular que une todo el sermón.

Además, cuando señaló esos malentendidos concretos de la ley de Moisés, Jesús estaba claramente impugnando las doctrinas favoritas de los fariseos; estaba denunciando públicamente lo que ellos enseñaban. Todos en la multitud entendieron eso. Jesús no hizo esfuerzo alguno por hacer que esa dicotomía fuese sutil o por bosquejar sus diferencias con ellos de forma delicada. Hasta mencionó a los fariseos por su nombre y afirmó expresamente que su justicia era inadecuada, para que no hubiera ninguna ambigüedad en cuanto a la doctrina *de quién* estaba refutando.

Al siguiente momento de decir: «Porque os digo que si vuestra justicia no fuere mayor que la de los escribas y fariseos, no entraréis en el reino de los cielos» (v. 20), comenzó a desmantelar todo el sistema de ellos. Atacó su método de interpretar la Escritura, sus medios de aplicar la ley, sus ideas sobre la culpabilidad y el mérito, su encaprichamiento con los detalles ceremoniales, y su amor por la casuística moral y doctrinal.

Los principales argumentos en esta parte del sermón están estructurados de una forma que contrasta la interpretación de la ley que hacen los fariseos con el verdadero significado de la ley, como lo explica Cristo: «*Oísteis* que fue dicho a los antiguos ...Pero *yo* os digo...». Seis veces en la segunda mitad de Mateo 5, Jesús usa esa fórmula o una variación de ella (vv. 21-22, 26-28, 31-32, 33-34, 38-39, 43-44). Cuando habló de lo que «oísteis», estaba describiendo la enseñanza de los fariseos. Y en cada caso, la refutó.

Insisto, él no estaba cambiando ni ampliando los requisitos morales de la ley; sencillamente estaba reafirmando lo que la ley siempre significó. «Amplio sobremanera es tu mandamiento», dijo David al meditar en la ley (Salmos 119:96). El significado de los Diez Mandamientos no se agota por el sentido literal de las palabras. Jesús dice, por ejemplo, que el sexto mandamiento prohíbe no solo actos literales de asesinato, sino también actitudes propensas al asesinato, incluyendo la ira indebida, el lenguaje abusivo y un espíritu no perdonador (vv. 22-25). El séptimo mandamiento prohíbe no meramente actos de adulterio, sino hasta un corazón adúltero (v. 28). El mandamiento de amar al prójimo se aplica no solo a personas agradables, sino también a quienes son nuestros enemigos (v. 44).

Los lectores superficiales a veces se inclinan a pensar que Jesús estaba modificando o elevando los requisitos en cuanto al estándar de la ley de Moisés. Después de todo, él citó directamente el sexto y el séptimo mandamientos (vv. 21, 27) y citó también el principio del Antiguo Testamento conocido como *lex talionis* («ojo por ojo y diente por diente»; v. 38; cp. Éxodo 21:24; Levítico 24:20 y Deuteronomio 19:21). Después siguió esas citas con: «Pero yo os digo...». Para alguien que escuchara casualmente, en realidad podría parecer como si él estuviera cambiando la ley misma, o haciendo una nueva ley que estaba en contraste con lo que el Antiguo Testamento había enseñado siempre. Pero recuerde: el propio Jesús inequívocamente negó esa idea en los versículos 17 y 18.

Al contrario, lo que Jesús hace en esta parte del sermón es develar el verdadero y pleno significado de la ley en su origen; especialmente en contraste con el limitado, estrecho y rígido enfoque literal de los fariseos. Su hermenéutica (el método mediante el cual interpretaban la Escritura) estaba cargada de sofismas. Ellos podían exponer durante horas los detalles de la ley a la vez que inventaban ciertos giros técnicos para hacer excepciones a algunos de los preceptos morales más importantes de ella.

Por ejemplo, el quinto mandamiento es bastante claro: «Honra a tu padre y a tu madre» (Éxodo 20:12). Pero los fariseos tenían una costumbre mediante la cual «basta que diga un hombre al padre o a la madre: Es Corbán (que quiere decir, mi ofrenda a Dios) todo aquello con que pudiera ayudarte, y no le dejáis hacer más por su padre o por su madre» (Marcos 7:11-12). En efecto, si alguien había prometido así su herencia a Dios y después utilizaba cualquiera de sus recursos para cuidar de sus padres en su vejez, los fariseos consideraban ese acto de caridad como sacrilegio, porque era una violación del voto del *Corbán*. Jesús les dijo: [Vosotros estáis] «invalidando la palabra de Dios con vuestra tradición que habéis transmitido. *Y muchas cosas hacéis semejantes a estas*» (v. 13).

Esas eran precisamente el tipo de tonterías hermenéuticas que Jesús estaba corrigiendo en el Sermón del Monte. Los fariseos eras feroces en su oposición a los pecados que otros podían ver, pero tendían a absolverse a ellos mismos por las debilidades escondidas en la privacidad de sus corazones. Esa idea errónea yacía en la raíz de los errores de los fariseos. Era como ellos justificaban toda su hipocresía.

Y por el asunto de la ley del ojo por ojo del Antiguo Testamento, el contexto de Éxodo 21:24-25, donde se dio esa norma, muestra que era un principio pensado para *limitar* castigos evaluados en casos civiles y criminales en los tribunales. Nunca se pensó para autorizar las represalias privadas por pequeños insultos e infracciones personales. Era un principio que mantenía el sistema *legal* controlado (cp. Éxodo 21:1), no una regla pensada para poner a unos contra otros en una guerra de ataques y contraataques. Pero los fariseos básicamente la habían convertido en eso. La venganza personal envenenaba la atmósfera social de Israel, y los líderes religiosos justificaban eso apelando a Moisés. Jesús dijo que era un absoluto mal uso y abuso de la ley de Moisés.

Lo claro es que Jesús no estaba de ninguna manera expresando desacuerdo con la ley de Moisés ni enmendando su contenido moral. Sencillamente refutaba la enseñanza malinterpretada sobre los preceptos morales de la ley.

Cualquier fariseo que pudiera haber estado en la audiencia del Sermón del Monte habría entendido el mensaje de Jesús con bastante claridad: su justicia, con todo su énfasis en la pompa y la circuncisión, simplemente no cumplía el estándar divino. Ellos no eran realmente mejores que los recaudadores de impuestos Y Dios *no* aceptaría su justicia imperfecta. Jesús fue lo más directo posible en cuanto a eso. No podría haber hablado ninguna otra palabra que los golpeara con mayor fuerza. Según él, la religión de ellos era totalmente inútil.

No seáis como los hipócritas

Jesús estaba lejos de haber terminado con el punto. Prácticamente, todo el capítulo 6 de Mateo continúa con una martilleante crítica punto por punto de las características más visibles del fariseísmo. El sermón no se pronunció con divisiones de capítulos, desde luego, y por eso es importante considerar que todo el catálogo de hipocresías que Jesús ataca en el capítulo 6 llega después de su crítica a la mala interpretación de la ley que hacían los fariseos en el capítulo 5. En cierto modo, el capítulo 5 fue meramente un calentamiento para lo que sigue, y el capítulo 6 es solo una exposición más amplia de la proposición clave presentada en 5:20: «Porque os digo que si vuestra justicia no fuere mayor que la de los escribas y fariseos, no entraréis en el reino de los cielos».

A propósito, aun si Jesús no hubiera nombrado concretamente a los fariseos, todas las personas en su audiencia habrían sabido exactamente de quién estaba hablando, aunque solo fuese por la lista de hipocresías que bosquejó en el capítulo 6. Esos eran los principales distintivos de la religión de los fariseos. Las amplias filacterias de un fariseo y las borlas de tamaño gigante en los cuatro bordes de su manto (cp. Deuteronomio 22:12) eran apropiadas metáforas para las muchas formas en que los fariseos hacían su religiosidad lo más ostentosa posible. Eran casi constitucionalmente incapaces de hacer algún acto de caridad o de piedad sin hacer una visible muestra pública de él en el proceso.

Eso es precisamente de lo que trata la mayor parte de Mateo 6. Jesús estaba contrastando el exhibicionismo religioso de los fariseos con la fe auténtica que acababa de describir en las Bienaventuranzas. La fe tiene su principal impacto en el corazón del creyente. La religión de los fariseos, como contraste, era principalmente una demostración, «para ser vistos» por otros (Mateo 6:1). Y ya que esa era la única recompensa que realmente les importaba, esa era la recompensa que obtendrían (v. 2).

Jesús también los retrató como tocando una trompeta delante de ellos cuando hacían obras de caridad (v. 2). No hay registro alguno en la literatura de aquella época en que alguien *realmente* realizase un desfile con trompetas cuando daba sus ofrendas. Jesús estaba pintando un colorido cuadro con palabras, haciendo en realidad una parodia humorística de la extravagancia espiritual de los fariseos. Él utilizaba una burla santificada para sacar a la luz la necedad de su sistema.

Él siguió reprendiendo la hipocresía de las largas oraciones públicas en voz alta (otra especialidad de los fariseos), insistiendo en que la atención terrenal que tal práctica obtiene es su única recompensa (v. 5). Fue en este punto cuando dio por primera vez la oración modelo que ha llegado a conocerse como el Padrenuestro. La brevedad, simplicidad y el enfoque en Dios de esa oración la destaca del estilo de oración de los fariseos.

A continuación, pasó al tema del ayuno, una práctica de la que los fariseos abusaban mucho. Jesús describió cómo explotaban hasta esta disciplina muy personal como un medio de anunciar su propia justicia: «Ellos demudan sus rostros para mostrar a los hombres que ayunan» (Mateo 6:16). Concretamente, ellos ponían «una expresión triste» que ostentaban como una marca de solemne devoción y lúgubre abnegación. Pero en realidad era una farsa: una fina y desgastada capa que apenas cubría sus motivos totalmente egoístas, que eran completamente equivocados. Desde luego, el ayuno legítimo ha de ser un medio de ayudarnos a poner a un lado las preocupaciones terrenales a fin de enfocarnos en la oración y las cosas espirituales. Los fariseos, en cambio, habían convertido su ayuno en otro medio para mostrar su piedad en público, demostrando una vez más que no podían importarles menos las cosas espirituales. Lo que realmente les importaba era el aplauso del mundo. Todos sus ayunos tenían el efecto contrario de lo que debían hacer en realidad; atraían la atención hacia ellos en lugar de eliminar las cosas que los perturbaban. Jesús sacó a la luz la hipocresía de esto.

El resto de Mateo 6 (vv. 19-34) es una breve lección sobre la importancia de mantener una perspectiva celestial. Eso presenta el mismo principio que el apóstol Pablo, más adelante, resumiría en Colosenses 3:2: «Poned la mira en las cosas de arriba, no en las de la tierra». Jesús incluye una advertencia correspondiente contra estar consumidos con los afanes terrenales. En esta parte del Sermón del Monte, él habla sobre el uso adecuado de nuestros recursos financieros (vv. 19-24); también aborda el pecado de la preocupación (vv. 25-34). Quienes se preocupan por el futuro, según Jesús, manifiestan una falta de confianza en Dios y un erróneo sentido de las prioridades.

Todo esto es también una continuación de la diatriba de Jesús contra el enfoque que los fariseos daban a la religión. La actitud que Jesús estaba condenando era un fruto inevitable del encaprichamiento de los fariseos con las cosas externas. Eso daba color a todos sus pensamientos, haciendo que fuesen patológicamente superficiales; dándoles una perspectiva carnal y terrenal y evitando que confiasen verdaderamente en Dios. Por eso ellos (y sus discípulos) estaban obsesionados con la riqueza y asfixiados por la preocupación. Esto se ve claramente en la razón fundamental de toda su conspiración contra Jesús. Todo su rencor hacia él estaba conducido por un temor a que, si ascendía al poder como Mesías, ellos perderían su estatus, sus medios de riqueza y sus ventajas terrenales (Juan 11:48). A pesar de todas sus piadosas simulaciones, esas cosas significaban más para ellos que la justicia. Por tanto, cuando Jesús dice: «Mas buscad primeramente el reino de Dios y su justicia, y todas estas cosas os serán añadidas», estaba enseñando otra verdad que asaltaba directamente el sistema de valores de los fariseos (v. 33).

Malos árboles, mal fruto

Mateo 7 continúa y concluye el Sermón del Monte con algunas de las más devastadoras denuncias de Jesús contra el fariseísmo hasta aquí. El capítulo empieza con un ataque a la crítica farisaica (los fariseos eran maestros en eso). Jesús evoca las imágenes humorísticas de alguien con una gran viga de madera metida en su ojo que trata de quitar una pequeña mota del ojo de otra persona (vv. 1-5). Esta era otra caricatura verbal sobre los fariseos, quienes hacían cosas como criticar a los discípulos por restregar en sus manos un puñado de espigas en el día de reposo (Mateo 12:2), pero cuyos corazones y mentes eran pozos privados de iniquidad, dados a todo tipo de pensamientos malvados (v. 34).

Es crucial entender adecuadamente el versículo 1. «No juzguéis, para que no scáis juzgados» no es una condenación global de todo tipo de juicio; solamente de los tipos de juicio muy críticos, superficiales y equivocados que los fariseos hacían. El contexto aclara que este es un llamado a la caridad y la generosidad en los juicios que hacemos: «Porque con el juicio con que juzgáis, seréis juzgados, y con la medida con que medís, os será medido» (v. 2). Con frecuencia, es necesario hacer juicios y, cuando lo hagamos, no *debemos* juzgar «según las apariencias, sino juzgad con justo juicio» (Juan 7:24).

Las propias palabras de Jesús dejan claro que él espera que hagamos juicio con discernimiento, porque sigue diciendo: «No deis lo santo a los perros, ni echéis vuestras perlas delante de los cerdos» (v. 6). «Cerdos» y «perros» en este versículo se refieren a personas que son crónicamente antagonistas al evangelio, aquellos cuya predecible respuesta a las cosas sagradas es que las pisotean, y se vuelven, y las despedazan (v. 6). Obviamente, a fin de obedecer ese mandamiento, tenemos que saber quiénes son los cerdos y los perros. Por tanto, una suposición subyacente es que *debemos* juzgar con cuidado y bíblicamente.

Sin embargo, lo más intrigante aquí es que Jesús estaba haciendo clara alusión a los fariseos y a otros como ellos, no a los gentiles ni a los parias morales que normalmente eran catalogados como «cerdos» y «perros» por la élite religiosa de Israel. Los cerdos y los perros eran animales impuros bajo la ley del Antiguo Testamento, por tanto, los judíos nunca criaban cerdos como animales domésticos, ni tampoco se tenían como mascotas a los perros. En general, se pensaba que ambas especies eran animales carroñeros salvajes y feroces. Naturalmente, esas etiquetas conllevaban una connotación muy fuerte de impureza e inhumanidad. Normalmente se aplicaban solo a los más bajos marginados e intocables de la sociedad.

Recuerde, sin embargo, que Jesús tenía un vibrante ministerio entre las personas que normalmente estaban en el extremo receptor de tales epítetos. Por eso los fariseos, burlonamente, lo llamaban «comilón y bebedor de vino, amigo de publicanos y de pecadores» (Lucas 7:34). Dado el contexto del Sermón del Monte y el implacable ataque de Jesús a la hipocresía de los fariseos y su exhibicionismo religioso, está claro en quiénes pensaba él cuando prohibió echar perlas a los cerdos. No eran los arrepentidos publicanos y pecadores a quienes regularmente mostraba misericordia.

El propio Jesús era ejemplo del tipo de discreción a la que insta aquí. Por eso escondió «estas cosas de los sabios y entendidos, y las has revelado a los niños» (Lucas 10:21). En otras palabras, a las personas humilladas y arrepentidas, él siempre les daba más y les enseñaba más; pero deliberadamente ocultaba la verdad a los arrogantes y egoístas, «para que viendo, vean y no perciban; y oyendo, oigan y no entiendan» (Marcos 4:12). Sus parábolas servían a ese mismo propósito: oscurecían la verdad a personas cuyos corazones se habían entenebrecido y cuyos oídos espirituales eran duros (Mateo 13:15). Él no les daba las cosas sagradas a los perros ni echaba sus perlas a los cerdos.

En resumen, los cerdos y los perros representaban la antítesis espiritual de «quienes tienen hambre y sed de justicia» (Mateo 5:6). Los primeros están hinchados del yo y predispuestos a rechazar *cualquier* verdad que no encaje en sus planes. Después se volverán en contra del mensajero y lo despedazarán. Eso es precisamente lo que los fariseos y sus compañeros de conspiración ya estaban determinados a hacer con Jesús.

Los fariseos eran ejemplos vivos de los falsos profetas que Jesús menciona en Mateo 7:15. «Guardaos de los falsos profetas, que vienen a vosotros con vestidos de ovejas, pero por dentro son lobos rapaces» (v. 15). Este versículo es, por supuesto, una descripción genérica de *todos* los falsos profetas en todas las edades, pero la élite religiosa de Israel personificaba todo aquello de lo que él hablaba. Ese hecho sin duda no lo pasaron por alto, ni ellos ni la audiencia general.

«Por sus frutos los conoceréis», dijo Jesús (v. 16). La imagen de los árboles malos con mal fruto tenía un significado especial para los fariseos. Algunos fariseos y saduceos habían acudido a Juan el Bautista no muchos meses antes de eso. Parece que vieron lo popular que era Juan y querían la admiración de sus seguidores. Juan los llamó generación de víboras y les dijo: «Haced frutos dignos de arrepentimiento» (Mateo

3:7-8). Después añadió: «Y ya también el hacha está puesta a la raíz de los árboles; por tanto, todo árbol que no da buen fruto es cortado y echado en el fuego» (v. 10), y comenzó a profetizar sobre Jesús. Ahora, al concluir su Sermón del Monte, Jesús empleó la misma imagen, y hasta citó las palabras exactas de Juan el Bautista: «Así, todo buen árbol da buenos frutos, pero el árbol malo da frutos malos. No puede el buen árbol dar malos frutos, ni el árbol malo dar frutos buenos. *Todo árbol que no da buen fruto, es cortado y echado en el fuego*. Así que, por sus frutos los conoceréis» (7:17-20).

Esas fueron unas fuertes palabras de condenación y, aunque la advertencia de Jesús no era limitada solo a los líderes religiosos, nadie podría pasar por alto el hecho de que Jesús estaba invadiendo directamente el territorio de los fariseos y los saduceos.

Un mensaje para las masas

Sin embargo, sería erróneo concluir que el Sermón del Monte solo se predicó —o *principalmente*— para beneficio de los súper críticos líderes religiosos de Israel. Aunque los fariseos y los saduceos personificaban la hipocresía y el fariseísmo al que Jesús se dirigía, de ninguna manera eran los únicos a quienes les hablaba. Era a todos los que estaban en el camino ancho. Su descripción del juicio que espera al final de ese camino es escalofriante:

No todo el que me dice: Señor, Señor, entrará en el reino de los cielos, sino el que hace la voluntad de mi Padre que está en los cielos. Muchos me dirán en aquel día: Señor, Señor, ¿no profetizamos en tu nombre, y en tu nombre echamos fuera demonios, y en tu nombre hicimos muchos milagros? Y entonces les declararé: Nunca os conocí; apartaos de mí, hacedores de maldad. Cualquiera, pues, que me oye estas palabras, y las hace, le compararé a un hombre prudente, que edificó su casa sobre la roca. Descendió lluvia, y vinieron ríos, y soplaron vientos, y golpearon contra aquella casa; y no cayó, porque estaba fundada sobre la roca. Pero cualquiera que me oye estas palabras y no las hace, le compararé a un hombre insensato, que edificó su casa sobre la arena; y descendió lluvia, y vinieron ríos, y soplaron vientos, y dieron con ímpetu contra aquella casa; y cayó, y fue grande su ruina.

(Mateo 7:21-27)

La palabra *muchos* resuena en todo el pasaje. *Muchos* entran por la puerta ancha al camino ancho (v. 13). *Muchos* dirán: «Señor, ¿no ... hicimos muchos milagros?» (v. 22). Pero observemos: no son solo fariseos y saduceos los que tratarán de argumentar ante el trono del juicio que sus obras debieran ser suficientes para hacerlos entrar en el cielo. Jesús está describiendo a personas que profesan ser cristianas. Personas que llaman a Jesús «Señor, Señor». Que afirman haber hecho obras poderosas *en nombre de él*. Pero él les aparta con estas devastadoras palabras: «Nunca os conocí; apartaos de mí» (v. 23).

Por tanto, resulta que el Sermón del Monte no es un mensaje solo para los fariseos, aunque Jesús atacase sus creencias desde el principio del sermón hasta su conclusión. El mensaje subyacente es principalmente para discípulos, y es una advertencia para ellos, para que no caigan en los mismos errores que convirtieron la religión de los fariseos en una monstruosidad que era odiosa para Dios y les hacía ser hostiles a la verdad.

Más palabras duras para los discípulos

Esas palabras finales del Sermón del Monte dejaron a la gente sin aliento. «La gente se admiraba de su doctrina; porque les enseñaba como quien *tiene* autoridad, y no como los escribas» (vv. 28-29).

Los fariseos no podían enseñar sin citar a uno u otro rabino y descansando en el historial de tradiciones de cientos de años. Su religión era académica prácticamente en todos los aspectos de esa palabra. Y para muchos de ellos, la enseñanza era solo otra oportunidad para buscar la alabanza de los hombres, presumiendo de su erudición. Ellos se enorgullecían mucho en citar tantas fuentes como fuese posible, anotando con atención sus sermones. Estaban más interesados en lo que otros decían de la ley que en lo que la ley misma realmente enseñaba. Así, habían aprendido la ley sin realmente escucharla (cp. Gálatas 4:21).

Jesús, en contraste, hablaba como quien *tiene* autoridad, porque la tiene. Él es Dios y su estilo reflejaba eso. Si citaba a los eruditos religiosos, era para refutarlos. Él no estaba invitando a un intercambio de opiniones, dando un discurso académico, o buscando una causa común con los líderes religiosos de la tierra; Él estaba declarando la Palabra de Dios *contra* ellos.

Eso era tan sorprendente en la cultura de Jesús como lo sería en la nuestra. No pase por alto la verdadera trascendencia de los versículos 28 y 29. La gente no estaba precisamente agradada con el enfoque de Jesús. Al principio se maravillaron. Pronto se enfurecerían.

Por su parte, cuanto más predicaba Jesús a las mismas multitudes una y otra vez, más estaban llenos sus mensajes de represiones y de urgentes apelaciones a que se arrepintiesen. Él no se impresionaba por el tamaño o el entusiasmo de las grandes multitudes; no estaba interesado en acumular el tipo de discípulos cuya principal preocupación fuese lo que podrían obtener de esa relación. Él nunca adaptó su mensaje para hacerlo más cómodo para la opinión popular, ni nunca rebajó el calor retórico a fin de mantener a la congregación tan cómoda como fuese posible. En todo caso, su enfoque era totalmente lo contrario. Él parecía hacer todo lo posible para inquietar a los meramente curiosos que no estaban convertidos. A ellos les encantaba cuando él hacía milagros, y los reprendió por eso y se aseguró de que no pudieran pasar por alto su *mensaje*.

El lugar donde Jesús predicó el Sermón del Monte estaba situado en algún punto entre las aldeas de Capernaum y Corazín. No muchos días después de que expusiera ese sermón, Jesús predicó otro en ese mismo lugar, o muy cerca de él. Mateo 11:20-24 describe lo que sucedió:

> Entonces comenzó a reconvenir a las ciudades en las cuales había hecho muchos de sus milagros, porque no se habían arrepentido, diciendo: ¡Ay de ti, Corazín! ¡Ay de ti, Betsaida! Porque si en Tiro y en Sidón se hubieran hecho los milagros que han sido hechos en

vosotras, tiempo ha que se hubieran arrepentido en cilicio y en ceniza. Por tanto os digo que en el día del juicio, será más tolerable el castigo para Tiro y para Sidón, que para vosotras. Y tú, Capernaum, que eres levantada hasta el cielo, hasta el Hades serás abatida; porque si en Sodoma se hubieran hecho los milagros que han sido hechos en ti, habría permanecido hasta el día de hoy. Por tanto os digo que en el día del juicio, será más tolerable el castigo para la tierra de Sodoma, que para ti.

Duras palabras, sin duda. Esa reprensión señaló otro importante cambio en el ministerio público de Jesús. Desde ese momento en adelante, Jesús se movió más por Galilea y se centró más en la enseñanza privada para un círculo cada vez más pequeño de los discípulos más devotos. Sus siguientes discursos públicos tendían a ser más urgentes y más severos.

El discurso del pan de vida

Juan 6 contiene uno de los más conocidos ejemplos de la dura predicación de Jesús. El capítulo también hace una crónica del rechazo de Jesús por parte de un gran número de personas que anteriormente le habían seguido lo bastante cerca como para ser contados entre sus discípulos. Cuando su mensaje comenzó a sonar duro y ofensivo, ellos se alejaron en multitudes.

El comienzo de ese capítulo presenta la alimentación de los cinco mil. Jesús está ministrando cerca del mar de Galilea (v. 1) a esa «gran multitud» (vv. 2, 5) de *al menos* cinco mil personas (v. 10).

Marcos 3:7-8 dice: «Mas Jesús se retiró al mar con sus discípulos, y le siguió gran multitud de Galilea. Y de Judea, de Jerusalén, de Idumea, del otro lado del Jordán, y de los alrededores de Tiro y de Sidón, oyendo cuán grandes cosas hacía, grandes multitudes vinieron a él». Ellos debieron haber llenado todo lugar disponible de alojamiento en Capernaum, Corazín, Betsaida y todas las aldeas circundantes. Quienes no pudieron encontrar alojamiento encontrarían lugares para acampar en la zona. Toda Galilea estaba llena de actividad y hablaba de Jesús.

Ese es el cuadro que vemos al comienzo de Juan 6: multitudes entusiastas llegando a Jesús desde regiones lejanas, todas ellas emocionadas por sus milagros y lo bastante devotas para llegar y aprender de él en persona. La respuesta humana natural sería tomar eso como una señal totalmente positiva de que Jesús estaba causando un importante impacto en su cultura. Él iba acumulando seguidores que podrían llevar su mensaje de regreso a sus propias comunidades. Parecía para todo el mundo que eso podría ser el comienzo de un movimiento de base que tenía la potencialidad de influenciar al orbe entero.

Lo cierto es que era eso. Pero el cuadro completo no era tan positivo como parecía a primera vista. La estrategia de Jesús no era acumular multitudes de miles de personas cuyo principal interés fuera ver milagros. Él centró sus energías en formar a once discípulos que fueron la espina dorsal de todo su plan. *Ellos* eran la clave para la final expansión de la iglesia por todo el mundo. En cuanto a las multitudes, no había duda de que había muchos verdaderos creyentes entre ellos, al igual que muchos parásitos tibios. Jesús les dio a todos sin temor, y sin pedir disculpas, el mensaje que necesitaban oír, en términos lisos y llanos. Era imposible ignorarlo, y la verdad que él enseñaba era imposible pasarla por alto.

Juan 6 es un relato de cómo toda la buena voluntad del público generada por los milagros de Jesús dio paso a la ira y al escándalo debido al mensaje que él proclamaba. Las inmensas multitudes se redujeron prácticamente a la nada en el curso de unos pocos versículos.

El escenario es importante. Jesús acababa de alimentar a las multitudes en algún lugar de la costa este de Galilea, después (andando sobre el agua con un tiempo tormentoso) había regresado a Capernaum (en la costa norte) para alejarse de la apasionada multitud. Cuando llegó la noticia a Tiberias (en la costa occidental) de la alimentación de los cinco mil, muchas más personas acudieron buscando a Jesús, esperando que hubiera una repetición.

Encontraron a Jesús en Capernaum (Juan 6:24-25; cp. v. 59). Su mensaje comenzó con una reprensión de sus motivos: «De cierto, de cierto os digo que me buscáis, no porque habéis visto las señales, sino porque comisteis el pan y os saciasteis. Trabajad, no por la comida que perece, sino por la comida que a vida eterna permanece, la cual el Hijo del Hombre os dará; porque a este señaló Dios el Padre» (vv. 26-27).

Él quería hablarles sobre cosas espirituales; ellos estaban interesados principalmente en comer. Así que comenzaron a negociar. Oirían lo que él tenía que decir *si* les daba comida. Como para poner un efecto espiritual a la demanda, señalaron que después de todo, el maná del tiempo de Moisés era comida literal que podía comerse: «Nuestros padres comieron el maná en el desierto, como está escrito: Pan del cielo les dio a comer» (v. 31).

Jesús continuó hablando de un tipo distinto de comida del cielo: «el *verdadero* pan». Pero, dijo, el pan que da vida es una Persona, no una sustancia comestible que podría guardarse en un recipiente como el maná: «Porque el pan de Dios es aquel que descendió del cielo y da vida al mundo» (v. 33).

Ellos aún seguían buscando comida, aún buscando una forma de alimentar sus apetitos físicos, cuando dijeron: «Señor, danos *siempre* este pan» (v. 34).

El diálogo constituye un frustrante estudio de mala interpretación y ceguera espiritual. Las voces de la multitud demandaban comida literal; Jesús estaba hablando de algo infinitamente más importante. Pero ellos no lo veían. Había claramente un tono de prueba y arrogancia en las repetidas demandas de ellos (v. 30). También era obvio que no estarían satisfechos con una sola repetición del milagro del día anterior. «Danos *siempre* este pan».

Jesús ciertamente *podría* haberles dado comida (o cualquier otra cosa que desearan) siempre que quisieran. Pero no estaba ahí para hablar con ellos de cuál era el menú para comer y mucho menos para negociar por la fe de ellos haciendo milagros a petición. Él iba a hablarles de cosas espirituales; por tanto, dijo claramente: «Yo soy el pan de vida» (v. 35).

Esa frase, al instante, dio lugar a murmullos de protestas de los líderes religiosos que había en la multitud. Ellos vieron con claridad que él estaba afirmando ser más que un mero hombre. «Murmuraban entonces de él los judíos, porque había dicho: Yo soy el pan que descendió del cielo. Y decían: ¿No es este Jesús, el hijo de José, cuyo padre y madre nosotros conocemos? ¿Cómo, pues, dice este: Del cielo he descendido?» (vv. 41-42).

Jesús afrontó su desaprobación de frente: «No murmuréis entre vosotros ... Yo soy el pan de vida» (vv. 43, 48). Debió haber quedado perfectamente claro que él hablaba de alimento *espiritual* y de vida *espiritual*, porque también dijo: «El que cree en mí, tiene vida eterna» (v. 47). Él les estaba dando la esencia misma de la verdad del evangelio, si es que tenían oídos espirituales para oír.

Hasta les explicó por qué el verdadero pan de vida es superior al maná de Moisés: «Vuestros padres comieron el maná en el desierto, y murieron. Este es el pan que desciende del cielo, para que el que de él come, no muera» (vv. 49-50). Por tanto, este pan podía darles vida espiritual en lugar de mero alimento físico, y el pan era Cristo mismo. Él estaba explicando claramente una profunda realidad espiritual, no describiendo comida literal para ser ingerida por la boca.

Juan el Bautista había testificado públicamente de que Jesús era el Cordero de Dios que quita el pecado del mundo. Las palabras de Jesús se hacían eco de esa profecía: «El pan que yo daré es mi carne, la cual yo daré por la vida del mundo» (v. 51). Las palabras están llenas de imágenes pascuales, revelando a Cristo como el cumplimiento de todo lo que significaba el sistema sacrificial. Al igual que el simbólico cordero de la Pascua era un banquete para comer, Cristo (el *verdadero* Cordero pascual) era un banquete espiritual para ser recibido por la fe. Él era el cumplimiento de todo lo que el maná y la fiesta de la Pascua simbolizaban, y mucho más.

Si las multitudes hubieran mostrado una mínima pizca de interés en oír la verdad, habrían buscado aclaración de lo que no entendían. Jesús estaba hablándoles claramente sobre realidades espirituales. Desde el principio de esa conversación cada vez más contenciosa, ellos habían rechazado eso y habían clamado en cambio por una comida gratis. Ahora eran incapaces de pensar de otro modo que no fuese en términos literales.

«Entonces los judíos contendían entre sí, diciendo: ¿Cómo puede este darnos a comer su carne?» (v. 52). Recuerde que Juan utiliza normalmente la expresión «los judíos» para significar los líderes religiosos hostiles. Ellos parece que estaban a la cabeza de esa multitud.

Observe que Jesús no los detuvo en ese punto y dijo: «No, no lo entienden. Dejen que les explique lo que quiero decir». Ellos no habían mostrado interés alguno en entenderlo, así que él persistió con su difícil analogía. De hecho, luego llevó más allá la metáfora:

> De cierto, de cierto os digo: Si no coméis la carne del Hijo del Hombre, y bebéis su sangre, no tenéis vida en vosotros. El que come mi carne y bebe mi sangre, tiene vida eterna; y yo le resucitaré en el día postrero. Porque mi carne es verdadera comida, y mi sangre es verdadera bebida. El que come mi carne y bebe mi sangre, en mí permanece, y yo en él.
>
> **(Juan 6:53-56).**

Cuatro veces en rápida sucesión les habló no solo de comer su carne, sino también de beber su sangre.

El significado simbólico de comer su carne podría haber sido en cierto modo transparente para cualquiera que recordase que el Mesías era el cordero del sacrificio que quitaría el pecado del mundo. Pero cuando habló de beber su sangre, utilizaba un lenguaje que estaba garantizado que ofendería a su audiencia judía. El consumo de sangre de cualquier tipo estaba considerado sumamente impuro bajo la ley del Antiguo Testamento. «No comeréis la sangre de ninguna carne, porque la vida de toda carne es su sangre; cualquiera que la comiere será cortado» (Levítico 17:14).

Cuanto más aclaraba Jesús que estaba hablando de modo figurado sobre vida espiritual y alimento espiritual, más se enfurecían los contrarios, y más ofensivas sonaban las palabras de él, especialmente para los líderes judíos que se consideraban a sí mismos guardianes de la piedad pública y la pureza ceremonial. Hasta algunos de los propios discípulos de Jesús comenzaron a susurrar entre ellos mismos: «Dura es esta palabra; ¿quién la puede oír?» (v. 60).

Jesús, sabiendo muy bien lo que ellos pensaban, sencillamente dijo: «¿Esto os ofende? ¿Pues qué, si viereis al Hijo del Hombre subir adonde estaba primero? El espíritu es el que da vida; la carne para nada aprovecha; las palabras que yo os he hablado son espíritu y son vida. Pero hay algunos de vosotros que no creen» (vv. 61-64). Así, declaró claramente que estaba utilizando palabras espirituales para hablar de cosas espirituales. No ofreció exégesis alguna de su simbolismo ni aclaración para beneficio de aquellos que ya se habían enojado con él. Que ellos no entendieran lo que quería decir era un fruto de su propia creencia.

Ese fue el final del discurso. Jesús lo puntuó con «por eso os he dicho que ninguno puede venir a mí, si no le fuere dado del Padre» (v. 65). Se estaba refiriendo a una frase anterior, registrada en el versículo 44: «Ninguno puede venir a mí, si el Padre que me envió no le trajere». La implicación era que la maldad y la rebelión están tan profundamente arraigadas en el carácter de los pecadores caídos que, aparte de la gracia divina, nadie creería nunca.

Esas fueron, sin duda, las palabras finales que muchos de ellos oyeron de Jesús. Después de los milagros y las obras de misericordia que le habían visto hacer, eso debiera haberlos movido a rogar gracia, misericordia y corazones nuevos. Por el contrario, Juan dice: «Desde entonces muchos de sus discípulos volvieron atrás, y ya no andaban con él» (v. 66). El tiempo verbal significa que dejaron de seguirlo permanentemente.

Jesús no corrió tras ellos explicándoles lo que él realmente quería decir. Dejó que las multitudes se fuesen y después se volvió a los Doce y dijo: «¿Queréis acaso iros también vosotros?» (v. 67). Pedro, hablando como siempre en nombre del grupo, le aseguró la intención de ellos de quedarse como discípulos, y Jesús simplemente replicó: «¿No os he escogido yo a vosotros los doce, y uno de vosotros es diablo?» (v. 70).

Jesús no estaba siendo agresivo, estaba siendo *veraz*, de manera valiente y clara, calculada, para forzarlos a declarar si ellos amaban o no la verdad de igual forma. Les estaba pidiendo a los verdaderos discípulos que se declarasen, estaba sacando a la luz la enemistad de sus antagonistas, y estaba forzando a las multitudes tibias que dudaban entre dos decisiones a que escogieran la una o la otra.

Lo cierto es que había aspectos de la doctrina de los fariseos que Jesús *pudo* haber escogido para declarar que tenía algún «terreno común» con ellos. Había mucha energía positiva en el anhelo inicial de las multitudes que seguían a Jesús. Él podría haber encauzado eso y haber duplicado o triplicado el tamaño de su congregación.

Jesús no hizo eso; hizo exactamente lo contrario, y deliberadamente. Insisto, él no estaba interesado en aumentar las filas de los discípulos tibios; su predicación tenía una meta: declarar la verdad, no ganar elogios de la audiencia. Para aquellos que no estaban interesados en oír la verdad, no trató de hacerla más fácil de recibir. Lo que hizo, por el contrario, fue hacer que fuese imposible de pasar por alto. La gente que escuchó a Jesús predicar no se podía alejar indiferente. Unos se iban enojados, algunos eran profundamente inquietados por lo que él decía, a muchos se les abrieron los ojos, y muchos más endurecieron sus corazones contra su mensaje. Otros se hicieron sus discípulos y aun otros se volvieron sus adversarios. Pero nadie que lo escuchó predicar por mucho tiempo podía permanecer sin cambiar o apático.

Creo que es un grave error presentar al cristianismo como algo encantador y popular que no contiene ofensa alguna. Viendo que Cristo fue por el mundo causando la ofensa más violenta a todo tipo de personas, parecería absurdo esperar que la doctrina de su persona pudiera presentarse de forma que no ofenda a nadie. No podemos pasar por alto el hecho de que el amable Jesús, manso y humilde, fue tan rígido en sus opiniones y tan incendiario en su lenguaje que fue expulsado de la iglesia, apedreado, perseguido de lugar en lugar y, finalmente, muerto como agitador y peligro público. Cualquiera que fuese su paz, no fue la paz de una amigable indiferencia.

—Dorothy Sayers

Siete

EL PECADO IMPERDONABLE

¡Generación de víboras! ¿Cómo podéis hablar lo bueno,
siendo malos? Porque de la abundancia del corazón
habla la boca.
MATEO 12:34

Otro punto crucial importante en el trato público de Jesús con los líderes judíos debe mencionarse. Algunos de los fariseos que habían estado acechando a Jesús, de repente, pasaron de acusarlo de blasfemo a cometer una blasfemia imperdonable ellos mismos. Esos expertos religiosos, que se sintieron tan ultrajados cuando Jesús declaró los pecados de un publicano instantáneamente perdonados, estaban a punto de oírle pronunciar su pecado *im*perdonable.

Jesús fue asediado por un grupo de fariseos cuyo antagonismo hacia él literalmente no conocía límites. Seguían buscando maneras de desacreditarlo, pero francamente se habían quedado sin argumentos. Estaba totalmente claro para las multitudes que Jesús hablaba por Dios, porque no había milagro que él no pudiera hacer, enfermedad que no pudiera sanar, ni argumento de los líderes judíos que no pudiera responder.

La élite religiosa de Israel estaba desesperada. El apóstol Juan describe una importante reunión del concilio en Jerusalén que tuvo lugar durante esa misma fase del ministerio de Jesús o poco después. Eso nos ofrece un vistazo del modo en que en el sanedrín estaba pensando y lo que estaba planeando: «Entonces los principales sacerdotes y los fariseos reunieron el concilio, y dijeron: ¿Qué haremos? Porque este hombre hace muchas señales. Si le dejamos así, todos creerán en él; y vendrán los romanos, y destruirán nuestro lugar santo y nuestra nación» (Juan 11:47-48).

Observe: ellos no disputaban la legitimidad de su afirmación de que era el Mesías ni la realidad de sus milagros. Tampoco tenían ningún argumento real contra su doctrina, excepto el hecho de que él representaba una grave amenaza para su poder.

En pocas palabras, ellos temían a los romanos más que a Dios. Querían aferrarse a la influencia que tenían, en lugar de rendir su honra y obediencia al legítimo Mesías de Israel. Les encantaba su propia piedad artificial más de lo que deseaban una auténtica justicia. Estaban satisfechos con sus propios méritos y despreciaban a cualquiera que cuestionase su piedad, como lo hacía Jesús pública y repetidamente.

Los milagros de Jesús no causaban impacto alguno en ellos. No habrían cambiado de opinión con respecto a él aunque hubiera hecho descender fuego del cielo en su presencia. No les hubiera caído mejor si literalmente hubiera borrado todo último vestigio de enfermedad y sufrimiento de toda la nación. Lo hubieran odiado sin importar lo que hiciera mientras se negase a afirmarlos y honrarlos *a ellos*. Y él se negó firmemente a hacer eso bajo ninguna circunstancia.

No es de extrañar. Sus propias palabras revelan el mal en sus corazones. Tenían toda la evidencia que necesitaban a fin de creer que él era quien afirmaba ser. De hecho, ahora estaban convencidos de que «si le dejamos así, todos creerán en él» (Juan 11:48). Estaban decididos a evitar que eso sucediera a toda costa. Ellos ya estaban conspirando agresivamente para matarlo; pero eso requeriría tiempo. (Quedaba, al menos, un año para la crucifixión en ese momento). Mientras tanto, los fariseos recurrieron a cualquier medio posible para desacreditarlo o avergonzarlo.

Sanidad y liberación

El incidente en el que Jesús los acusó de imperdonables fue seguido por otro milagro indisputable: «Entonces fue traído a él un endemoniado, ciego y mudo; y le sanó, de tal manera que el ciego y mudo veía y hablaba» (Mateo 12:22). El milagro fue instantáneo, total y triunfante en múltiples niveles. Las discapacidades físicas del hombre fueron sanadas al instante y fue liberado de la atadura demoníaca en seguida.

Mateo dice que «multitudes» fueron testigos del milagro. Algunas de esas personas seguramente conocían al hombre y su historia, porque la respuesta a la sanidad fue inusualmente fuerte. De todos los milagros que habían visto, este tuvo un particular valor de asombro, sin duda porque el caso del hombre era muy grave. Su ceguera y su incapacidad de hablar le habían cortado por completo todo medio posible de comunicación. Eso, combinado con cualquier manifestación grotesca que su posesión demoníaca pudiera haber causado, le situaba por encima de toda esperanza terrenal en las mentes de todos los que lo conocían. Pero Jesús instantáneamente lo dejó sano por completo.

Nadie, incluyendo a los fariseos, podía disputar el *hecho* del milagro. Inmediatamente, una ola de emoción pasó por las multitudes. «Y toda la gente estaba atónita, y decía: ¿Será este aquel Hijo de David?» (v. 23). Esa no era una expresión de duda, ni tampoco una profesión de fe; era una exclamación de maravilla y sorpresa. El milagro, además de todo lo demás que habían visto y oído de Jesús, les tenía pensando seriamente en la posibilidad de que él ciertamente pudiera ser el Mesías prometido. Él no encajaba en sus expectativas en la mayor parte de los aspectos, porque ellos esperaban que el Mesías apareciera en escena como héroe conquistador y glorioso rey, no como un simple hijo de carpintero, de una familia que vivía en medio de ellos. Pero no podían ver tantos milagros dramáticos sin comenzar a preguntarse si Jesús era ciertamente ese.

La blasfemia

Al oír surgir esa charla entre las multitudes, los fariseos reaccionaron rápidamente con la más fuerte denuncia de Jesús que posiblemente pudieron expresar: «Este no echa fuera los demonios sino por Beelzebú, príncipe de los demonios» (v. 24).

Beelzebú (o *Beelzebul*, como aparece en los mejores manuscritos) era un nombre prestado y ligeramente alterado de Baal-zebú (literalmente, «el señor de las moscas»), una deidad de los filisteos (2 Reyes 1:2-3, 6, 16). La alteración puede que fuese deliberada, porque *Beel-zebul* en siríaco significa «dios del estiércol». El nombre se utilizaba para Satanás en la época de Jesús. En otras palabras, aunque los fariseos no podían negar que un milagro auténtico se había producido delante de sus propios ojos, inmediatamente comenzaron a insistir en que el poder para hacer el milagro venía directamente de Satanás.

Como era normal, musitaron esa acusación en medio de la multitud, fuera del alcance del oído de Jesús. Probablemente estuvieran haciendo todo lo posible para desacreditarlo sin que él se diese cuenta. Seguramente ellos no querían otra confrontación pública, pues cada choque público que provocaban con él siempre terminaba en vergüenza para ellos. No eran lo bastante valientes para confrontar a Jesús directamente y acusarlo ante su cara. Pero Mateo dice:

> Todo reino dividido contra sí mismo, es asolado, y toda ciudad o casa dividida contra sí misma, no permanecerá. Y si Satanás echa fuera a Satanás, contra sí mismo está dividido; ¿cómo, pues, permanecerá su reino? Y si yo echo fuera los demonios por Beelzebú, ¿por quién los echan vuestros hijos? Por tanto, ellos serán vuestros jueces. Pero si yo por el Espíritu de Dios echo fuera los demonios, ciertamente ha llegado a vosotros el reino de Dios.
>
> **(Mateo 12:25-28)**

A esas alturas, seguramente habrá observado que la omnisciencia de Jesús, en particular su capacidad de saber lo que hay en los corazones de las personas, ha sido un tema constante en sus disputas con los fariseos. Juan lo menciona repetidas veces (Juan 2:24-25; 6:64). Mateo lo señala aquí y en Mateo 9:4. Lucas observa el mismo hecho en un relato muy parecido a ese incidente (Lucas 11:17). Si la estridencia del trato de Jesús con los líderes judíos sorprende, tengamos presente que él tenía la ventaja de conocer sus corazones aun más perfectamente que ellos mismos. El corazón humano caído es «engañoso ... más que todas las cosas, y perverso; ¿quién lo conocerá?» (Jeremías 17:9). La potencialidad para el autoengaño es tan profunda que no hemos de confiar en nuestro propio corazón (Proverbios 28:26). Solamente Dios sabe cómo juzgar un corazón humano perfectamente (Jeremías 11:20; 17:10; 20:12). Jesús *es* Dios y, por tanto, podemos descansar seguros en que su implacable dureza con los fariseos estaba plenamente justificada (Lucas 16:15), aun cuando pareciera responderles sin mucha provocación visible.

Es obvio que no podemos evaluar los corazones de otras personas a la perfección y mucho menos confiar en nuestro propio corazón (1 Samuel 16:7; Juan 7:24). Por tanto, también se nos advierte repetidas veces que tratemos a otros con tanta paciencia y amabilidad como sea posible (Gálatas 6:1; Efesios 4:2; Filipenses 4:5; 2 Timoteo 2:24-26).

Sin embargo, la constante fricción de Jesús con los fariseos muestra que el conflicto a veces es necesario. Las palabras duras no son siempre inapropiadas; las verdades desagradables y no bienvenidas a veces necesitan ser expresadas. La falsa religión siempre requiere de una respuesta. El amor puede cubrir multitud de pecados (1 Pedro 4:8), pero la flagrante hipocresía de los falsos maestros necesita desesperadamente ser sacada a la luz, para que nuestro silencio no facilite ni perpetúe un condenatorio engaño. La verdad no siempre es «agradable».

En este caso, Jesús tomó la acusación murmurada por los fariseos, la trajo al frente delante de toda la multitud, y después refutó la lógica de la acusación. En primer lugar, destacó que un reino dividido contra sí mismo no puede permanecer. (Israel conocía ese hecho demasiado bien por su propia historia). Él observó que había supuestos exorcistas entre los discípulos de los fariseos, por lo que planteó la pregunta en cuanto a quién poseía el poder que *ellos* empleaban para expulsar demonios. El comentario está lleno de sarcasmo, porque aunque había exorcistas en el sistema de los fariseos, eran notoriamente infructuosos, como los hijos de Esceva («un sumo sacerdote judío») mencionados en Hechos 19:13-16, que intentaron utilizar el nombre de Jesús como un abracadabra para exorcizar a un hombre poseído por un demonio en Éfeso. La Escritura dice: «Y el hombre en quien estaba el espíritu malo, saltando sobre ellos y dominándolos, pudo más que ellos, de tal manera que huyeron de aquella casa desnudos y heridos» (v. 16). Cuando Jesús desafió a los fariseos —«Y si yo echo fuera los demonios por Beelzebú, ¿por quién los echan vuestros hijos?» (v. 27)—, no es difícil imaginar la ola de risas entre la multitud que observaba.

Dado el índice de éxito de Jesús del cien por ciento en expulsar demonios, la única conclusión razonable y racional era que él lo hacía por el poder de Dios, porque solamente Dios es mayor que el reino entero de Satanás. «Porque ¿cómo puede alguno entrar en la casa del hombre fuerte, y saquear sus bienes, si primero no le ata? Y entonces podrá saquear su casa» (Mateo 12:29).

La breve respuesta de Jesús a los fariseos contenía un par de frases importantes e inquietantes. Él les dijo, por ejemplo: «Pero si yo por el Espíritu de Dios echo fuera los demonios, ciertamente ha llegado a vosotros el reino de Dios» (v. 28). En otras palabras, si ellos estaban equivocados sobre Jesús (y claramente lo estaban; hasta ellos sabían eso en sus corazones), entonces él era ciertamente el Mesías de Israel, y ellos se estaban enfrentando al poder y la autoridad del reino de Dios en la presencia misma del Rey eterno.

Además, Jesús trazó una clara línea en la arena: «El que no es conmigo, contra mí es» (v. 30). Esa frase, parece, era para beneficio de aquellos en la multitud que no eran aún discípulos totalmente comprometidos. No podían seguir siendo tibios a la vez que fingían ser sus seguidores. Al intentar sentarse en la valla entre Jesús y los fariseos, en realidad estaban endureciendo sus corazones contra Cristo. La prueba de que estaban «contra él» finalmente se manifestaría en su propia apostasía. Judas fue el clásico ejemplo de esto. Él no había sido ni una sola vez abiertamente hostil a Jesús, hasta el día en que lo traicionó por dinero. Pero eso dejó claro que Judas nunca estuvo realmente «con» Jesús, para comenzar (cp. 1 Juan 2:19).

Para los fariseos que pronunciaron la blasfemia, sin embargo, Jesús tuvo palabras aún más solemnes.

¡Generación de víboras!

Si parece que Jesús estaba pronunciando un juicio final de condena contra esos fariseos en aquel momento, yo creo que eso es precisamente lo que estaba haciendo. Al haber demostrado la profunda irracionalidad e irresponsabilidad de su acusación, añadió: «Por tanto os digo: Todo pecado y blasfemia será perdonado a los hombres; mas la blasfemia contra el Espíritu no les será perdonada. A cualquiera que dijere alguna palabra contra el Hijo del Hombre, le será perdonado; pero al que hable contra el Espíritu Santo, no le será perdonado, ni en este siglo ni en el venidero» (Mateo 12:31-32). Marcos registra la misma frase con palabras ligeramente distintas: «De cierto os digo que todos los pecados serán perdonados a los hijos de los hombres, y las blasfemias cualesquiera que sean; pero cualquiera que blasfeme contra el Espíritu Santo, no tiene jamás perdón, sino que es reo de juicio eterno» (Marcos 3:28-29). Marcos añade, sin embargo, este comentario editorial: «Porque ellos habían dicho: Tiene espíritu inmundo» (v. 30). Así, Marcos deja claro que las palabras de Jesús sobre el pecado imperdonable fueron su respuesta a la blasfemia de los fariseos. ¿Cuál es el pecado imperdonable? ¿Qué quiere decir Jesús cuando habla de «la blasfemia contra el Espíritu Santo»? El contexto, como siempre, nos da una respuesta clara. Es precisamente la blasfemia que aquellos hombres acababan de pronunciar.

La ira divina que provocó esas palabras de juicio es evidente en la forma en que él les habló: «¡Generación de víboras! ¿Cómo podéis hablar lo bueno, siendo malos? Porque de la abundancia del corazón habla la boca» (Mateo 12:34). El fruto de sus propias palabras demostraba su verdadero carácter (v. 33). La condena para ellos era justa.

El perdón y lo imperdonable

Las personas con frecuencia se inquietan por la idea de que haya tal cosa como un pecado imperdonable. Algunos se preocupan por si pudieran haberlo cometido inconscientemente. Otros, observando que Jesús no explicó mucho cuál es la naturaleza del pecado, intentan todo tipo de ejercicios hermenéuticos para definirlo del modo más preciso. Aun otros tienen dificultad para reconciliar la idea del pecado imperdonable con la doctrina de la justificación por la fe y terminan con una idea errónea de cómo opera la salvación. Si es posible cometer una blasfemia que nunca puede ser perdonada, razonan ellos, entonces debe ser posible que los cristianos cometan el pecado y pierdan su salvación.

Todas esas preocupaciones y malentendidos se responden con facilidad si mantenemos a la vista el contexto de este pasaje. Aquellos fariseos eran culpables de pecado imperdonable porque a sabiendas —no por ignorancia ni por accidente, sino *deliberadamente*— descartaron la obra de Jesús considerándola una tarea del diablo. Además, su rechazo a Jesús fue una plena, final y definitiva renuncia a Cristo y a todo lo que él defendía. Contrastemos su pecado con el de Pedro, que más adelante negó conocer a Cristo y enfatizó sus negativas con malas palabras y maldiciones. Pero Pedro halló perdón para su pecado. Si pensamos con atención en lo que estaba sucediendo aquí y lo que Jesús dijo realmente, la idea del pecado imperdonable no es en realidad tan misteriosa.

Note, en primer lugar, que este pasaje y sus referencias cruzadas (Marcos 3:28-29; Lucas 12:10) son los únicos lugares donde la Escritura menciona el pecado imperdonable. Hebreos 6:4-6 y 10:26 describen un tipo de apostasía deliberada para la cual no hay remedio, y 1 Juan 5:16 menciona «pecado de muerte». Pero el «pecado de muerte» se entiende mejor como un pecado que da como resultado la muerte *física*. No es un pecado concreto, sino cualquier pecado cuya consecuencia directa sea la muerte. Los pasajes en Hebreos 6 y 10 describen un alejamiento deliberado de la verdad. Es muy similar a la blasfemia que esos fariseos cometieron, y ciertamente puede haber una relación legítima entre estos pasajes y el pecado imperdonable.

Pero el énfasis en Hebreos está en la imposibilidad del *arrepentimiento* (6:6), no en que sea imposible obtener *perdón*.

En segundo lugar, no pase por alto el hecho de que las palabras de Jesús sobre este pecado imperdonable comienzan con una amplia promesa de perdón para todo pecado y blasfemia (Mateo 12:31). Nuestro Dios es un Dios perdonador; esa es su naturaleza. «¿Qué Dios como tú, que perdona la maldad, y olvida el pecado del remanente de su heredad? No retuvo para siempre su enojo, porque se deleita en misericordia» (Miqueas 7:18). «Porque tú, Señor, eres bueno y perdonador, y grande en misericordia para con todos los que te invocan» (Salmos 86:5). La Escritura está llena de textos como esos.

Jesús, enfáticamente, afirma que la *gravedad* del pecado nunca impide el perdón de Dios: «Todo pecado y blasfemia» es perdonable (Mateo 12:31). Después de todo, el mayor pecado jamás cometido fue la crucifixión de Jesús (Hechos 2:23) y sin embargo, algunas de las últimas palabras de Jesús antes de morir fueron una oración de perdón para sus ejecutores y para la multitud que se burlaba de él (Lucas 23:34). El *número* de pecados que una persona cometa no hace que su caso sea imperdonable. La redención comprada por Cristo «cubrirá multitud de pecados» (Santiago 5:20). La *especie* del pecado no es el factor que lo hace imperdonable. «Si confesamos nuestros pecados, él es fiel y justo para perdonar nuestros pecados, y limpiarnos de toda maldad» (1 Juan 1:9). A lo largo del curso de su ministerio, Jesús perdonó todo tipo concebible y categoría de maldad. Incluso mientras colgaba de la cruz, otorgó pleno e inmediato perdón a un ladrón que había llevado una vida llena de pecado, porque el hombre estaba verdaderamente arrepentido.

Aquí, entonces, estaba el problema con los fariseos. Su odio por Jesús era firme y totalmente inamovible. Ellos nunca se arrepentirían y su blasfemia sencillamente demostraba, más allá de toda duda, lo inexorablemente endurecidos que se habían vuelto sus corazones. Ante un milagro que dejó atónitos y sorprendidos a todos los que lo vieron, ellos solo estaban preocupados por cómo desacreditar a Cristo.

No solo sus corazones estaban permanentemente endurecidos contra Cristo; ellos estaban completamente resueltos a hacer todo lo posible por poner en contra de él a tantas personas como pudieran. Su odio hacia Jesús era impulsado por intenciones asesinas, lo que ahora se agravaba con la blasfemia definitiva.

Note que él se refiere al pecado imperdonable como «*la* blasfemia contra el Espíritu» (Mateo 12:31). El artículo definido es importante. Jesús hablaba claramente sobre un acto particular de blasfemia: la expresión de blasfemia definitiva, conclusiva, manifiesta, que se eleva por encima de toda otra forma de maldición. Él no estaba sugiriendo que un lapsus al invocar el nombre del Espíritu Santo en un juramento blasfemo sea automáticamente imperdonable; estaba tratando con una manifestación muy concreta de flagrante blasfemia, y *esa* es la que dijo que era imperdonable. Era el pecado de aquellos fariseos: cerrar el corazón permanentemente contra Cristo aun después de que el Espíritu Santo haya traído plena convicción de la verdad. En efecto, Jesús cerró la puerta del cielo a aquellos fariseos que tan profunda y deliberadamente habían cerrado sus corazones a él.

¿Por qué caracterizó Jesús el pecado de ellos como blasfemia contra *el Espíritu Santo*? Porque los milagros de Jesús fueron hechos con el poder del Espíritu Santo. (Incluso los fariseos sabían eso en sus corazones). Y, sin embargo, ellos afirmaban que él operaba con el poder de Satanás. De hecho, ellos estaban llamando diablo al Espíritu Santo y dando mérito al diablo por lo que el Espíritu de Dios había hecho.

No obstante, lo que hizo imperdonable a ese pecado en particular fue su finalidad. Fue deliberado. Fue una expresión de incredulidad fría y decidida. Aquellos fariseos habían visto, de cerca, más evidencia de la que posiblemente pudieran necesitar nunca de que Jesús era Dios encarnado. Y, aun así, continuaban pidiendo más señales dramáticas. De hecho, justamente después de que Jesús les advirtiera del peligro del pecado imperdonable, ellos demandaron otra señal, sugiriendo que querían ver una señal de proporciones cósmicas (v. 38), «una señal del cielo» en palabras de Lucas 11:16.

El hecho es que sus corazones ya estaban decididos. Ellos nunca creerían, a pesar de lo que Jesús hiciera o dijera. Por tanto, su pecado era imperdonable.

De inmediato, después de aquel día, Jesús comenzó a enseñar en parábolas (13:3). Desde ese día en adelante, cuando enseñaba en lugares públicos: «habló Jesús por parábolas a la gente, y sin parábolas no les hablaba» (v. 34). Eso era, en parte, una expresión de juicio contra la dureza de corazón de los fariseos. Citando a Isaías 6:9-10 y 44:18, Jesús explicó a sus discípulos la razón de las parábolas: «A vosotros os es dado saber el misterio del reino de Dios; mas a los que están fuera, por parábolas todas las cosas; para que viendo, vean y no perciban; y oyendo, oigan y no entiendan; para que no se conviertan, y les sean perdonados los pecados» (Marcos 4:11-12). Si la élite religiosa de Israel estaba tan decidida a rechazar la verdad, él ocultaría la verdad de ellos con parábolas, a la vez que usaba las mismas para ilustrar la verdad a sus discípulos; «a sus discípulos en particular les declaraba todo» (v. 34).

Sin embargo, las parábolas también servían a un *misericordioso* propósito en el trato de Jesús con los fariseos. Con sus corazones ahora permanentemente endurecidos contra la verdad, cuanta más verdad oyeran, mayor sería su juicio final. Porque su determinación a oponerse a la verdad era ya permanente y final, cuanto menos verdad oyeran de Jesús, mejor sería para ellos.

El patrón de antagonismo hacia él por los fariseos siguió sin disminuir y, de hecho, aumentó de forma dramática a medida que se acercaba el final del ministerio público de Jesús. Lucas 20:20 dice: «Y acechándole enviaron espías que se simulasen justos, a fin de sorprenderle en alguna palabra, para entregarle al poder y autoridad del gobernador». Ellos continuamente lo ponían a prueba (Lucas 11:54; Mateo 15:39; 22:15), y repetidamente se avergonzaban a sí mismos en el proceso. Todo encuentro posterior que él tuvo con ellos fue más de lo mismo.

Jesús siempre los resistió e invariablemente los hizo callar. Con frecuencia advertía a sus discípulos contra las tendencias del sistema de los fariseos, refiriéndose a su hipocresía como «levadura» (Mateo 16:6; Lucas 12:1). Pero poco más tuvo que decirles *a* ellos aparte de las mismas verdades que ya habían oído de él.

Al final, durante esa última semana antes de la crucifixión, Jesús resumió sus puntos de vista sobre los líderes religiosos de Israel y su hipocresía en una ardiente diatriba en sus atrios: los terrenos del templo en Jerusalén. Ese sermón los dejó furiosos y ultrajados, y sellaría su determinación de matarlo en cuanto fuese posible.

———————

Todos hemos oído a personas decir más de cien veces, porque parecen no cansarse de decirlo, que el Jesús del Nuevo Testamento es sin duda el más misericordioso y amante humanitario de la humanidad, pero que la iglesia ha ocultado este carácter humano en dogmas repelentes y lo ha fortalecido con terrores eclesiásticos hasta que ha adoptado un carácter inhumano. Esto está, me aventuro a repetir, muy cerca de lo opuesto a la verdad. Lo cierto es que es la imagen de Cristo en las iglesias la que resulta casi totalmente mansa y misericordiosa.

— G. K. Chesterton

Ocho

AYES

---

*¡Ay de vosotros, escribas y fariseos, hipócritas! porque sois
semejantes a sepulcros blanqueados, que por fuera, a
la verdad, se muestran hermosos, mas por dentro están
llenos de huesos de muertos y de toda inmundicia ... He
aquí vuestra casa os es dejada desierta.*
MATEO 23:27, 38

Todo el capítulo 23 de Mateo registra un sermón. Es el último
mensaje público que Jesús predicó. Su tema no es el evangelio
ni el reino de Dios *en sí*; es un potente ataque de reprensión contra los pecados religiosos de Israel y de sus líderes en particular.
Qué irónico (y qué supremamente importante) es que aquel de
quien se dijo: «Porque no envió Dios a su Hijo al mundo para
condenar al mundo, sino para que el mundo sea salvo por él»
(Juan 3:17) convirtiera su último sermón público en un extenso
mensaje de condenación.

Era mediados de la semana de la Pasión. Los acontecimientos de esa tumultuosa semana comenzaron con Jesús en-
trando en Jerusalén sentado sobre el lomo de un pollino bajo
gritos de «¡Hosanna!» resonando por la ciudad. Parecía para
todo el mundo como si él fuese a ser llevado por una ola masiva
de apoyo público a la importancia y el poder en algún puesto

político para después, finalmente, inaugurar su reino prometido. Pero el entusiasmo público por Cristo era una falacia.

Jerusalén estaba feliz por tener a un hacedor de milagros y la esperanza de un Rey conquistador así, pero ellos no querían la fuerte predicación de Jesús. Les sorprendió que él pareciera más interesado en desafiar a sus instituciones religiosas que en conquistar a Roma y liberarlos de la opresión política. Estaban atónitos por el trato que le daba a la élite religiosa de Israel. Él pasaba más tiempo llamando a *Israel* al arrepentimiento que criticando a sus opresores. Encima de todo, ellos no comprendían que se negase a ser el Mesías según los términos *de ellos* (Juan 6:15). Antes de que terminase la semana, la misma multitud que lo aclamó con júbilo estaría pidiendo a gritos su sangre.

No en la casa de mi Padre

La mañana del martes de aquella fatídica semana, Jesús repitió la limpieza del templo. Habían pasado casi exactamente tres años desde que salió por primera vez a la escena como un profeta con un látigo hecho de cuerdas, expulsando del templo a los despiadados mercaderes de animales y cambistas. Entonces, pareció como si entrase en los terrenos del templo saliendo de la nada y tomó a las autoridades religiosas totalmente por sorpresa. Estaba claro que ellos no supieron qué hacer con él.

Ahora, tres años después, los especuladores cambistas estaban de vuelta al trabajo, al igual que los despiadados vendedores de animales. Nada había cambiado mucho, excepto que los corazones de los líderes judíos se habían endurecido y enfriado, y ahora sabían exactamente qué querían hacer con Jesús.

Marcos nos da el relato más completo:

> Vinieron, pues, a Jerusalén; y entrando Jesús en el templo, comenzó a echar fuera a los que vendían y compraban en el templo; y volcó las mesas de los cambistas, y las sillas de los que vendían palomas; y no consentía que nadie atravesase el templo llevando utensilio alguno. Y les enseñaba, diciendo: ¿No está escrito: Mi casa será llamada casa de oración para todas las naciones? Mas vosotros la habéis hecho cueva de ladrones. Y lo oyeron los escribas y los principales sacerdotes, y buscaban cómo matarle; porque le tenían miedo, por cuanto todo el pueblo estaba admirado de su doctrina.
>
> **(Marcos 11:15-18)**

Es completamente sensato que Jesús concluyese su ministerio estableciendo el mismo punto que fijó en su comienzo. La idea de que limpiase el templo dos veces no pone a prueba el sentido común ni la credulidad en lo más mínimo. Lo verdaderamente notable es que Jesús no hiciera eso cada vez que visitaba Jerusalén a lo largo del curso de su ministerio. Lo hizo solo una vez al principio y después una vez más al final, precisando su ministerio público.

Esas dramáticas demostraciones de la divina autoridad de Jesús destacan su oposición a las instituciones religiosas del judaísmo apóstata. Enfatizan la naturaleza profética de su mensaje y explican en sumo grado por qué sus relaciones con los líderes judíos siempre tuvieron un fuerte sabor amargo.

Para entonces, los miembros de todos los rangos del sanedrín, fariseos, sumos sacerdotes, los principales saduceos y los guardias del templo le odiaban más que nunca; pero también le tenían temor (Marcos 11:18), principalmente porque parecía ser muy popular entre el pueblo. Por tanto, en vez de arrestarlo allí mismo en las instalaciones del templo, su plan fue permanecer a la espera de una oportunidad para arrestarlo en secreto. Por eso, esa vez, Jesús pudo expulsar a los cambistas del templo y alejarse de la escena sin ser desafiado en absoluto. La primera vez que Jesús expulsó a los cambistas, los guardias del templo respondieron demandando que les diera una señal que demostrase su autoridad profética. Esta vez, la respuesta de ellos fue solo una muda sorpresa. Pero mientras ellos permanecían en gran parte en un segundo plano, el sanedrín calladamente renovaba su resolución de librarse de él, aquella misma semana si fuese posible.

Por parte de él, inmediatamente después de expulsar a los cambistas, Jesús más o menos entró en las instalaciones del templo durante la semana. Los atrios del templo se convirtieron en salón de clase y también oficinas centrales para su ministerio público de enseñanza, justamente delante de las narices del sanedrín. La mayor parte de Mateo 21—25, Marcos 11—13, Lucas 19—21 y Juan 12 registran lo que enseñó y cosas que sucedieron durante aquella semana. Los líderes religiosos repetidamente lo desafiaron, tratando de atraparlo o confundirlo de alguna manera; y siempre fracasaron. Lucas dice: «Y enseñaba cada día en el templo; pero los principales sacerdotes, los escribas y los principales del pueblo procuraban matarle. Y no hallaban nada que pudieran hacerle, porque todo el pueblo estaba suspenso oyéndole» (Lucas 19:47-48).

Juan añade esta inquietante nota sobre las multitudes que escucharon la enseñanza de Jesús esa semana: «Pero a pesar de que había hecho tantas señales delante de ellos, no creían en él» (Juan 12:37).

El impacto que causó

Alguien podría preguntarse por qué Jesús continuó enseñando en los atrios del templo cuando sabía que los corazones de muchos de sus oyentes eran fríos. Después de todo, fomentar peleas como esas posiblemente no haría a nadie ningún bien, ¿no es cierto?

Sin embargo, como siempre, a Jesús le interesaba más la verdad que cómo se sintiera la gente al respecto. Él no buscaba maneras de hacerse grato a la gente; instaba a las personas que estuvieran dispuestas a postrarse ante él incondicionalmente como su Señor. Jesús no estaba interesado en reforzar las creencias «comunes» en las que su mensaje se adaptara a la perspectiva de los fariseos. Por el contrario, enfatizaba (casi exclusivamente) los puntos sobre los cuales estaba en *desacuerdo* con ellos. Su estrategia, francamente, no habría sido más bienvenida en las reuniones evangélicas típicas del siglo veintiuno que en las que se realizaban en el patio del sanedrín.

Y aun así, de maneras modestas pero significativas, Jesús causó impacto. Juan 12:42-43, describiendo el ministerio de Jesús aquella semana en los atrios del templo, dice esto: «Con todo eso, aun de los gobernantes, muchos creyeron en él; pero a causa de los fariseos no lo confesaban, para no ser expulsados de la sinagoga. Porque amaban más la gloria de los hombres que la gloria de Dios». Evidentemente, Nicodemo y José de Arimatea eran representantes de un pequeño, callado, casi invisible grupo de miembros del concilio y rabinos influyentes que escuchaban a Jesús y fueron persuadidos de la verdad de su mensaje. Debido a que su amor por los elogios de los hombres estaba tan profundamente arraigado en su perspectiva, se mantenían en silencio.

Entre el pueblo común, la fe falsa y la tibia esperanza mesiánica en Jesús era igualmente un problema importante. Siempre lo han sido. Recuerde que Juan atrajo la atención hacia el problema desde el principio, en Juan 2:23-24: «Muchos creyeron en su nombre, viendo las señales que hacía. Pero Jesús mismo no se fiaba de ellos, porque conocía a todos». Juan 6 describió en detalle cómo esa fe tibia en seguida dio paso a la hostilidad. Estaba a punto de suceder otra vez. Con respecto a esas agradecidas multitudes que escucharon a Jesús con anhelo durante aquella semana final en Jerusalén, «todo el pueblo estaba suspenso oyéndole» (Lucas 19:48); debió haber una incontable cantidad de ellos que estarían gritando «¡Crucifícale!» (Marcos 15:13) antes de que terminase la semana.

Y, sin embargo, había un remanente en ambos grupos —los líderes judíos y el pueblo común— que, o bien eran o llegarían a ser verdaderos discípulos. Jesús siguió predicando para beneficio de ellos, aunque sabía muy bien que cuanto más visible hiciese su ministerio ante el público, más se intensificaría la determinación del sanedrín de crucificarlo.

El último sermón

El contenido del mensaje de Jesús demuestra, sin embargo, que enseñaba no solo para beneficio del remanente creyente, sino también como advertencia y enseñanza finales a los líderes judíos mismos.

El último sermón público de nuestro Señor tuvo lugar el miércoles de esa semana final. Mateo 23:1 dice que él dio su mensaje «a la gente y a sus discípulos». Pero está claro por el mensaje mismo que había miembros del concilio entre quienes escuchaban, porque Jesús les gritó y dirigió importantes porciones del sermón directamente a ellos. No solo estaban en el perímetro, como siempre, sino realmente mezclados entre las multitudes de incógnito, y fingiendo ser atentos oyentes. Escuchaban con atención para encontrar cualquier cosa que pudieran utilizar para «sorprenderle en alguna palabra» (22:15) o para tergiversarla y convertirla en una acusación contra él. Lo siguiente es lo que Lucas dice:

> Procuraban los principales sacerdotes y los escribas echarle mano en aquella hora, porque comprendieron que contra ellos había dicho esta parábola; pero temieron al pueblo. Y acechándole enviaron espías que se simulasen justos, a fin de sorprenderle en alguna palabra, para entregarle al poder y autoridad del gobernador.
>
> **(Lucas 20:19-20)**

Desde luego, Jesús *seguía* conociendo sus pensamientos, por lo que los confrontó más directamente que nunca. Utilizó un lenguaje más áspero del que nunca había empleado. Les puso apodos. Soltó olas de condena contra su hipocresía, sobre cómo tergiversaban la Escritura y su fariseísmo. Pronunció ayes tras ayes contra ellos. Y la expresión «ay» no era una suave imprecación; era la más fuerte maldición profética concebible. Uno puede estar seguro de que ellos no pasaron por alto su significado.

Cómo perder amigos y airar a los enemigos

Desde sus palabras de apertura hasta su frase final, Jesús fue firme, franco, apasionado e intenso; hasta feroz. Como siempre, les dijo lo que más necesitaban oír, declarándoles la verdad con lenguaje llano. Bajo las circunstancias, esa era la mayor bondad que él podría haberles mostrado. El tenor de sus palabras nos recuerda que la guerra espiritual es precisamente eso: una batalla.

Es significativo que Jesús, en calidad de Dios omnisciente encarnado, era la persona más sensible que caminó jamás en la tierra y, sin embargo, en circunstancias como esas, se negó a suavizar el mensaje, a adoptar un tono delicado o a manejar a sus adversarios espirituales como frágiles almas. Había demasiado en juego.

Él comenzó el mensaje en forma comparativamente discreta, burlándose del orgulloso fariseísmo de los fariseos y llamando a sus seguidores a ser tan humildes como arrogantes eran los fariseos:

En la cátedra de Moisés se sientan los escribas y los fariseos. Así que, todo lo que os digan que guardéis, guardadlo y hacedlo; mas no hagáis conforme a sus obras, porque dicen, y no hacen. Porque atan cargas pesadas y difíciles de llevar, y las ponen sobre los hombros de los hombres; pero ellos ni con un dedo quieren moverlas. Antes, hacen todas sus obras para ser vistos por los hombres. Pues ensanchan sus filacterias, y extienden los flecos de sus mantos; y aman los primeros asientos en las cenas, y las primeras sillas en las sinagogas, y las salutaciones en las plazas, y que los hombres los llamen: Rabí, Rabí. Pero vosotros no queráis que os llamen Rabí; porque uno es vuestro Maestro, el Cristo, y todos vosotros sois hermanos. Y no llaméis padre vuestro a nadie en la tierra; porque uno es vuestro Padre, el que está en los cielos. Ni seáis llamados maestros; porque uno es vuestro Maestro, el Cristo. El que es el mayor de vosotros, sea vuestro siervo. Porque el que se enaltece será humillado, y el que se humilla será enaltecido.

(Mateo 23:2-12)

Observe que Jesús dijo: «Así que, todo lo que os digan que guardéis, guardadlo y hacedlo; mas no hagáis conforme a sus obras» (v. 3). Los fariseos no estaban equivocados en *todo* lo que enseñaban. Sería aplicar muy mal la enseñanza de Jesús tomar su condena a la religión farisea y concluir que él respaldaba todo lo que pareciera ser lo opuesto a lo que ellos defendían. En el énfasis que ellos daban a la autoridad y el peso de la ley, especialmente ya que gobernaba la moralidad pública, por lo general tenían razón. Cuando se trataba de esos asuntos, lo que Jesús aborrecía de ellos no era lo que decían que la gente debía o no hacer; era que no vivieran de acuerdo con su propia enseñanza. Ese era el mayor peligro que planteaba su obsesión por las cosas externas. Ellos prestaban mucha atención a lo que vestían, pero no tanto a lo que pensaban. Estaban profundamente interesados en cómo eran percibidos por otras personas, pero no tanto en lo que Dios pensara de ellos. Eran apasionados en cuanto a asegurarse de recibir honra terrenal, pero apenas les importaba la honra a Dios. *No sean como ellos* fue el punto de comienzo de todo el sermón.

Entonces Jesús habló directamente a los escribas y los fariseos que estaban allí: «¡Ay de vosotros, escribas y fariseos, hipócritas!» (v. 13). Y así lanzó una diatriba contra ellos que ocupa el resto del capítulo. Desde ese punto hasta el final del mensaje, Jesús habla directo a los líderes judíos en segunda persona, el ataque más devastador que les hizo hasta ese momento.

El sermón es demasiado largo para analizarlo palabra por palabra, pero vale la pena leer toda la parte que fue dirigida directamente a la élite religiosa de Israel:

> Mas ¡ay de vosotros, escribas y fariseos, hipócritas!
> porque cerráis el reino de los cielos delante de los
> hombres; pues ni entráis vosotros, ni dejáis entrar a
> los que están entrando. ¡Ay de vosotros, escribas y
> fariseos, hipócritas! porque devoráis las casas de las
> viudas, y como pretexto hacéis largas oraciones; por
> esto recibiréis mayor condenación. ¡Ay de vosotros,
> escribas y fariseos, hipócritas! porque recorréis mar
> y tierra para hacer un prosélito, y una vez hecho, le
> hacéis dos veces más hijo del infierno que vosotros.

¡Ay de vosotros, guías ciegos! que decís: Si alguno jura por el templo, no es nada; pero si alguno jura por el oro del templo, es deudor. ¡Insensatos y ciegos! porque ¿cuál es mayor, el oro, o el templo que santifica al oro? También decís: Si alguno jura por el altar, no es nada; pero si alguno jura por la ofrenda que está sobre él, es deudor. ¡Necios y ciegos! porque ¿cuál es mayor, la ofrenda, o el altar que santifica la ofrenda? Pues el que jura por el altar, jura por él, y por todo lo que está sobre él; y el que jura por el templo, jura por él, y por el que lo habita; y el que jura por el cielo, jura por el trono de Dios, y por aquel que está sentado en él.

¡Ay de vosotros, escribas y fariseos, hipócritas! porque diezmáis la menta y el eneldo y el comino, y dejáis lo más importante de la ley: la justicia, la misericordia y la fe. Esto era necesario hacer, sin dejar de hacer aquello. ¡Guías ciegos, que coláis el mosquito, y tragáis el camello!

¡Ay de vosotros, escribas y fariseos, hipócritas! porque limpiáis lo de fuera del vaso y del plato, pero por dentro estáis llenos de robo y de injusticia. ¡Fariseo ciego! Limpia primero lo de dentro del vaso y del plato, para que también lo de fuera sea limpio.

¡Ay de vosotros, escribas y fariseos, hipócritas! porque sois semejantes a sepulcros blanqueados, que por fuera, a la verdad, se muestran hermosos, mas por dentro están llenos de huesos de muertos y de toda inmundicia. Así también vosotros por fuera, a la verdad, os mostráis justos a los hombres, pero por dentro estáis llenos de hipocresía e iniquidad.

¡Ay de vosotros, escribas y fariseos, hipócritas! porque edificáis los sepulcros de los profetas, y adornáis los monumentos de los justos, y decís: Si hubiésemos vivido en los días de nuestros padres, no hubiéramos sido sus cómplices en la sangre de los profetas. Así que dais testimonio contra vosotros mismos, de que sois hijos de aquellos que mataron a los profetas.

¡Vosotros también llenad la medida de vuestros padres! ¡Serpientes, generación de víboras! ¿Cómo escaparéis de la condenación del infierno? Por tanto, he aquí yo os envío profetas y sabios y escribas; y de ellos, a unos mataréis y crucificaréis, y a otros azotaréis en vuestras sinagogas, y perseguiréis de ciudad en ciudad; para que venga sobre vosotros toda la sangre justa que se ha derramado sobre la tierra, desde la sangre de Abel el justo hasta la sangre de Zacarías hijo de Berequías, a quien matasteis entre el templo y el altar. De cierto os digo que todo esto vendrá sobre esta generación.

¡Jerusalén, Jerusalén, que matas a los profetas, y apedreas a los que te son enviados! ¡Cuántas veces quise juntar a tus hijos, como la gallina junta sus polluelos debajo de las alas, y no quisiste! He aquí vuestra casa os es dejada desierta. Porque os digo que desde ahora no me veréis, hasta que digáis: Bendito el que viene en el nombre del Señor.

(Mateo 23:13-39)

Jesús había dicho muchas de esas mismas cosas anteriormente. En una ocasión, un almuerzo privado en la casa de un fariseo se convirtió en un conflicto cuando se hizo obvio que él había sido invitado principalmente a fin de que ellos pudieran observar y criticar cosas como que no observase sus lavamientos ceremoniales. En aquella ocasión, en presencia de varios fariseos, Jesús extendió una mordaz reprensión en la cual dijo muchas de estas mismas cosas (Lucas 11:37-54). Pero esta fue la primera vez en que está registrado que Jesús hubiera realizado un ataque tan sostenido al judaísmo oficial públicamente, en Jerusalén, en el templo, nada menos.

Ocho veces pronuncia *ay* contra ellos. Recuerde que el Sermón del Monte comenzó con ocho bienaventuranzas. Esos pronunciamientos de ayes son el polo opuesto y están en marcado contraste. Son maldiciones más que bendiciones.

Y sin embargo, aun en las maldiciones, hay una conmoción que refleja la tristeza de Jesús. Él no está expresando una *preferencia* por la condena de ellos porque, después de todo, vino a salvar, no a condenar (Juan 3:17). Sin embargo, la profunda tristeza de Jesús por la implacable rebelión de los fariseos no lo movió a suavizar sus palabras ni a amortiguar la patente calamidad espiritual que ellos habían causado sobre sí mismos. En todo caso, esa fue la razón de que él les diese este mensaje final con tal pasión y urgencia.

La otra palabra que domina este sermón además de *ay* es *hipócritas*, que igualmente aparece ocho veces. En el curso del pronunciamiento de esos ocho ayes, Jesús abordó muchos de los errores doctrinales y prácticos que ilustraban lo deplorablemente hipócritas que eran ellos. Entre ellos se incluían su pretenciosa oración (v. 14); sus erróneos motivos para «ministrar» a otros (v. 15); su tendencia a jurar casualmente por cosas que son santas, además del correspondiente hábito de jugar a un tira y afloja con sus votos (vv. 18-22); su enfoque equivocado de las prioridades, mediante el cual habían elevado oscuros preceptos ceremoniales por encima de la ley moral (vv. 23-24); y sobre todo, su alegre tolerancia de muchas evidentes —y con frecuencia absurdas— manifestaciones de hipocresía (vv. 27-31).

Otra característica que hace que este sermón se destaque es el generoso uso que Jesús hace de epítetos despectivos. A quienes piensan que poner motes es inherentemente no cristiano y siempre inapropiado les resultará muy difícil este sermón. Además de las ocho veces que Jesús enfáticamente les dice «hipócritas», los llama «guías ciegos» (vv. 16, 24), «necios y ciegos» (vv. 17, 19), «fariseos ciegos» (v. 26), y «serpientes, generación de víboras» (v. 33).

Este no fue un intento por ganarse la estima ante los ojos de ellos; no fue un intento de persuadirlos con suaves palabras o con un preludio amigable. No fue el tipo de palabra suave que aleja la ira.

Sin embargo, era la *verdad*, y era lo que los fariseos —al igual que aquellos influenciados por ellos— necesitaban oír desesperadamente.

No tan manso ni tan humilde

Por desdicha, este sermón también fue un pronunciamiento de juicio final contra los líderes religiosos y sus seguidores que habían rechazado a Cristo y que a esas alturas habían endurecido tanto sus corazones contra él que nunca creerían. Enfatizó de manera verbalmente gráfica la finalidad del juicio que Jesús había hecho cuando declaró imperdonable la blasfemia de los fariseos. También extendió de modo efectivo ese juicio para incluir no solo a otros creyentes endurecidos, sino además a las instituciones que se habían convertido en monumentos a ese corrupto sistema religioso —el sanedrín, el sacerdocio corrupto, los fariseos y saduceos— la jerarquía religiosa completa que en efecto había tomado el templo.

Al final del mensaje, cuando Jesús dijo: «He aquí vuestra casa os es dejada desierta» (v. 38), estaba pronunciando *Ichabod* («la gloria se ha alejado») sobre el templo. En lugar de «la casa de mi Padre» (Juan 2:16), ahora era «vuestra casa». La Gloria de Israel se alejó del templo para bien, para no volver a regresar hasta que todo Israel diga: «Bendito el que viene en el nombre del Señor».

Antes de que esa generación saliera de la escena, los ejércitos romanos asolaron el templo de Herodes. Desde entonces hasta ahora, Israel no ha tenido templo, ni sacrificios, ni medios para cumplir los aspectos más importantes de su ley ceremonial, ningún otro medio de expiación aparte del Cordero de Dios que quita el pecado del mundo. Así, la dramática salida de Jesús del templo fue un importante punto decisivo para todo Israel.

No es sorprendente que él hablase con tal pasión e intensidad.

Podemos aprender mucho al observar cómo trató Jesús la falsa religión y a sus defensores. Quienes se sitúan a sí mismos como maestros representando al Señor e influencian a otros a la vez que corrompen la verdad necesitan ser denunciados y refutados, por causa de ellos, por causa de otros que son víctimas de sus errores, y especialmente por la gloria de Cristo, que *es* la Verdad encarnada.

ACERCA DEL AUTOR

John MacArthur es director y maestro destacado de Gracia a
Vosotros. Fundada en 1969, Gracia a Vosotros es la organiza-
ción sin fines de lucro responsable del desarrollo, la produc-
ción y la distribución de los libros de John, recursos radiales, y
los programas de radio y televisión *Gracia a Vosotros*. *Gracia a
Vosotros* radio se emite más de mil veces diariamente por todo
el mundo de habla inglesa, llegando a importantes centros de
población con la verdad bíblica. También se emite más de mil
veces al día en español, llegando a veintiséis países por toda
Europa y Latinoamérica. *Gracia a Vosotros* televisión se emite
semanalmente en DirectTV en los Estados Unidos, y puede
verse gratuitamente en el Internet en todo el mundo. Los más
de 3.300 sermones de John, que abarcan más de cinco déca-
das de ministerio, pueden descargarse gratuitamente en esta
página web.

John ha escrito cientos de guías de estudio y libros, entre
los que se incluyen *El evangelio según Jesús*, *Nuestra suficien-
cia en Cristo*, *Fuego extraño*, *Avergonzados del evangelio*, *El
asesinato de Jesús*, *El hijo pródigo*, *Doce hombres comunes y
corrientes*, *Verdad en guerra*, *El Jesús que no puedes ignorar*,
Esclavo, *Una vida perfecta*, *El evangelio según Pablo*, *Parábolas*
y *Una vida fiel*. Los libros de John han sido traducidos a más
de dos decenas de idiomas. *La Biblia de estudio MacArthur*,

el recurso angular de su ministerio, está disponible en inglés (NKJV, NASB y ESV), español, ruso, alemán, francés, portugués, italiano, árabe y chino.

En 2015 fue completada la serie Comentario MacArthur del Nuevo Testamento. En treinta y cuatro volúmenes, John nos lleva detalle a detalle, versículo por versículo, por todo el Nuevo Testamento.

John y su esposa, Patricia, viven en el sur de California y tienen cuatro hijos casados: Matt, Marcy, Mark y Melinda. También disfrutan de la compañía entusiasta de sus quince nietos.

¿HAS LEÍDO ALGO BRILLANTE Y QUIERES CONTÁRSELO AL MUNDO?

Ayuda a otros lectores a encontrar este libro:

- Publica una reseña en nuestra página de Facebook **@GrupoNelson**

- Publica una foto en tu cuenta de redes sociales y comparte por qué te agradó.

- Manda un mensaje a un amigo a quien también le gustaría, o mejor, regálale una copia.

¡Déjanos una reseña si te gustó el libro! ¡Es una buena manera de ayudar a los autores y de mostrar tu aprecio!

Visítanos en **GrupoNelson.com** y síguenos en nuestras redes sociales.